Questo libro appartiene a

_____

- -

_____

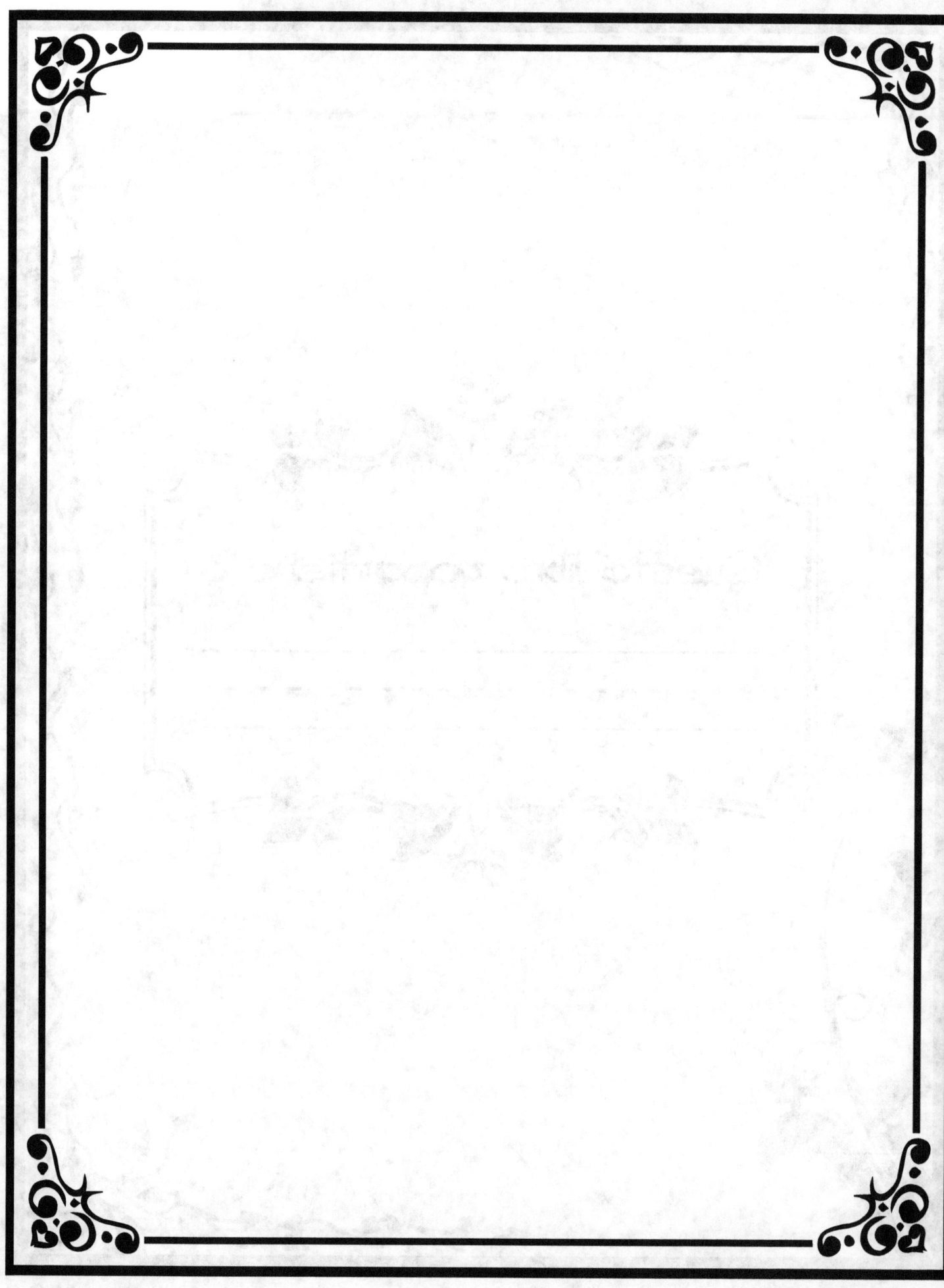

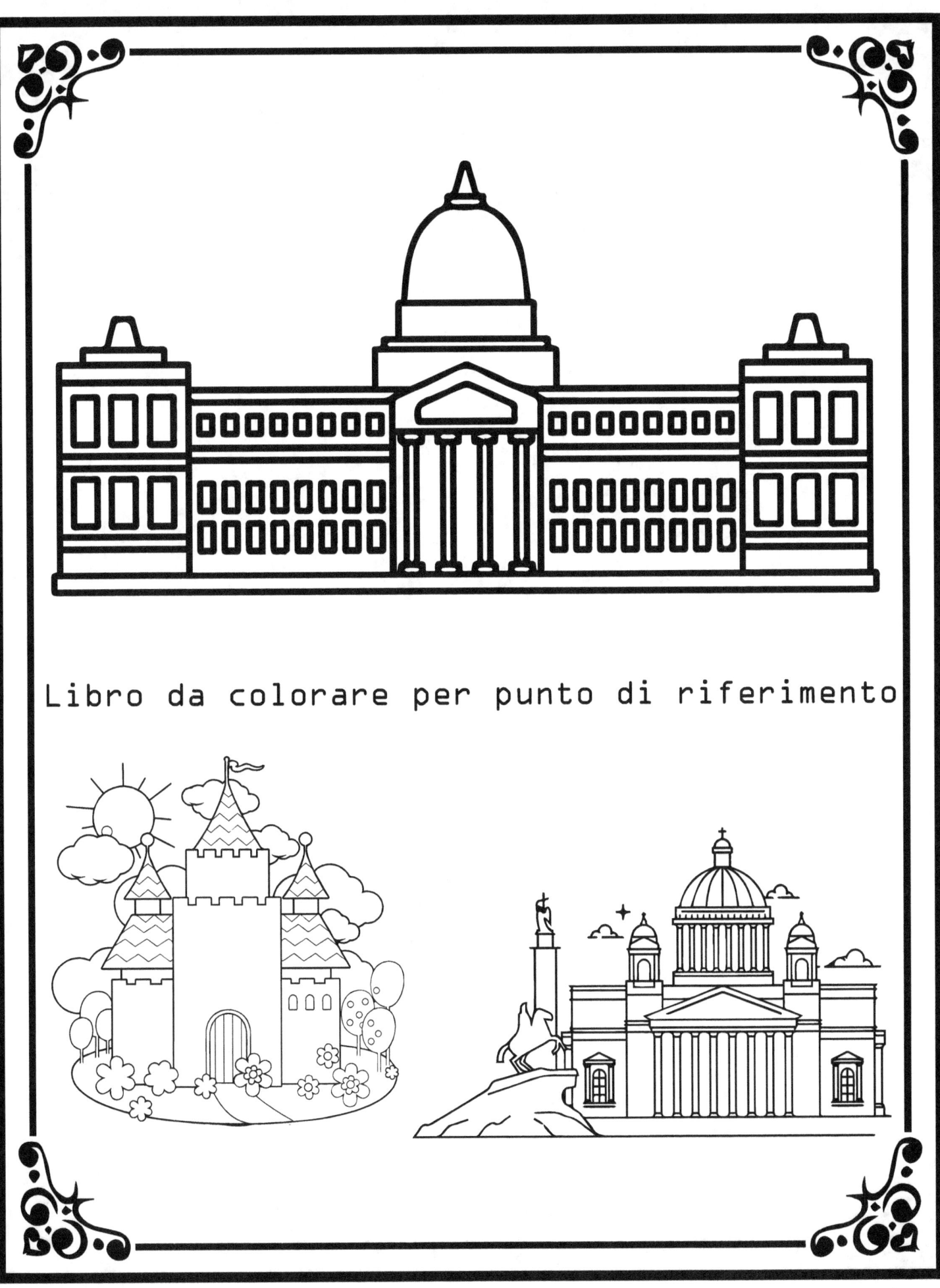

Libro da colorare per punto di riferimento

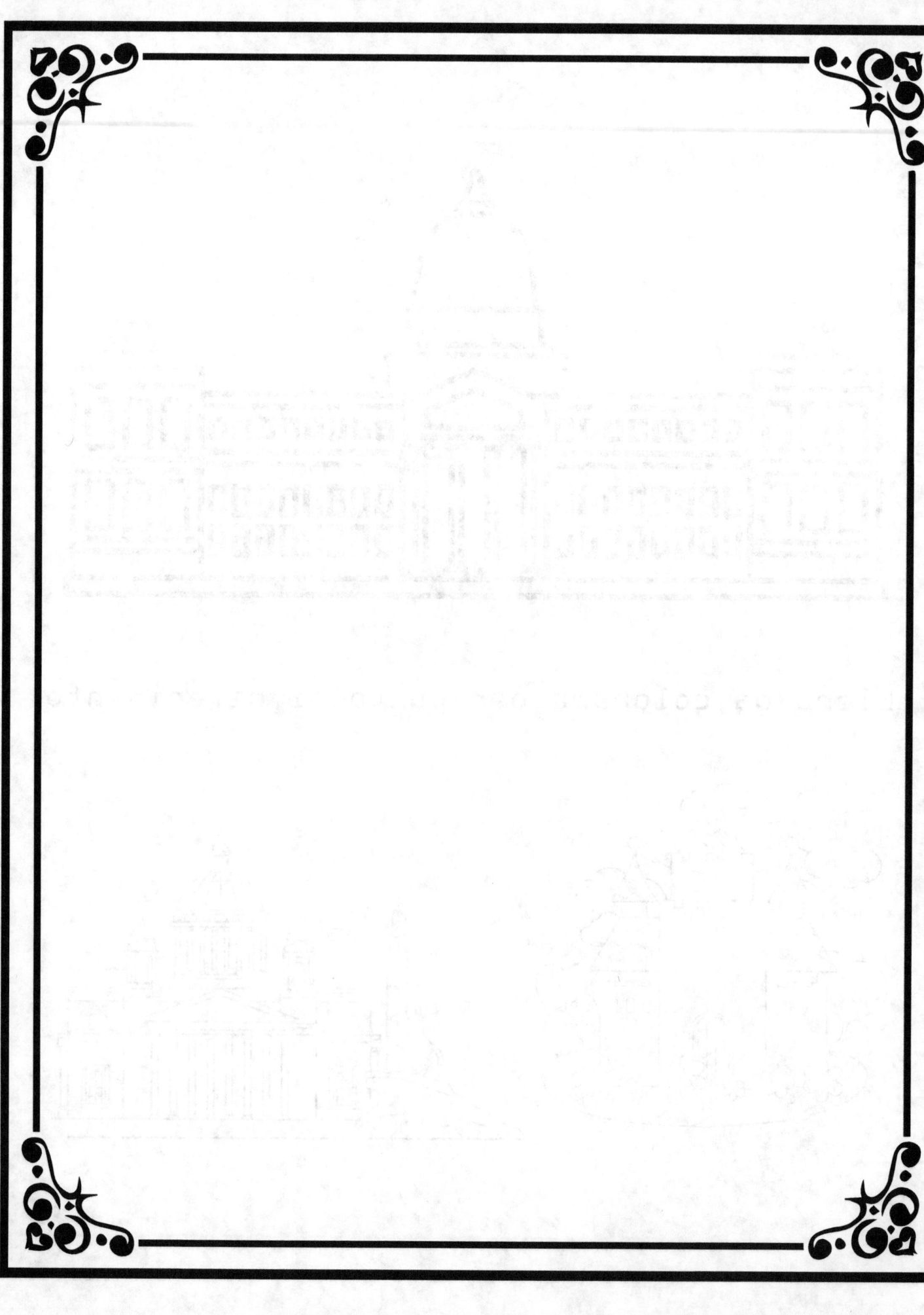

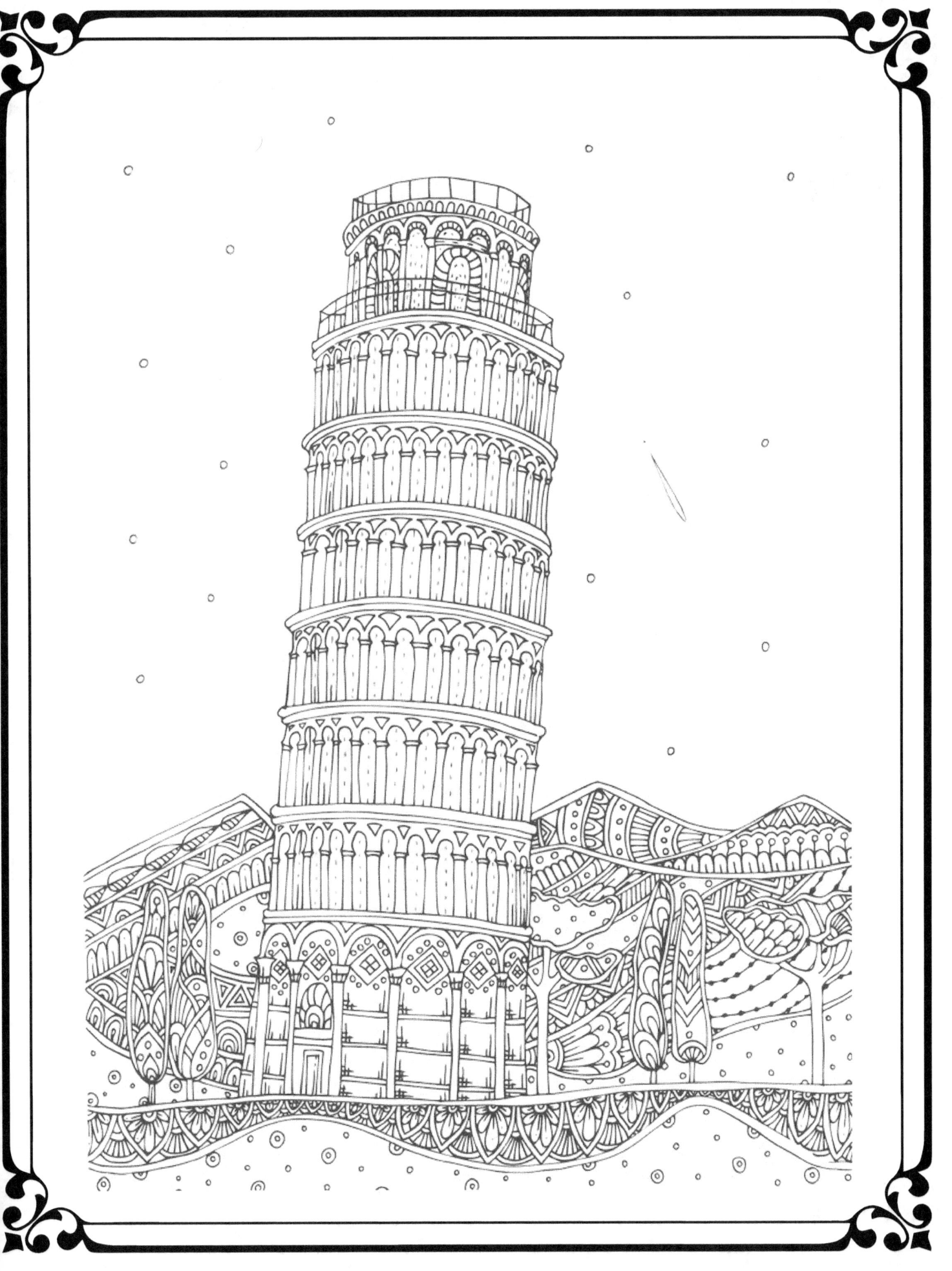

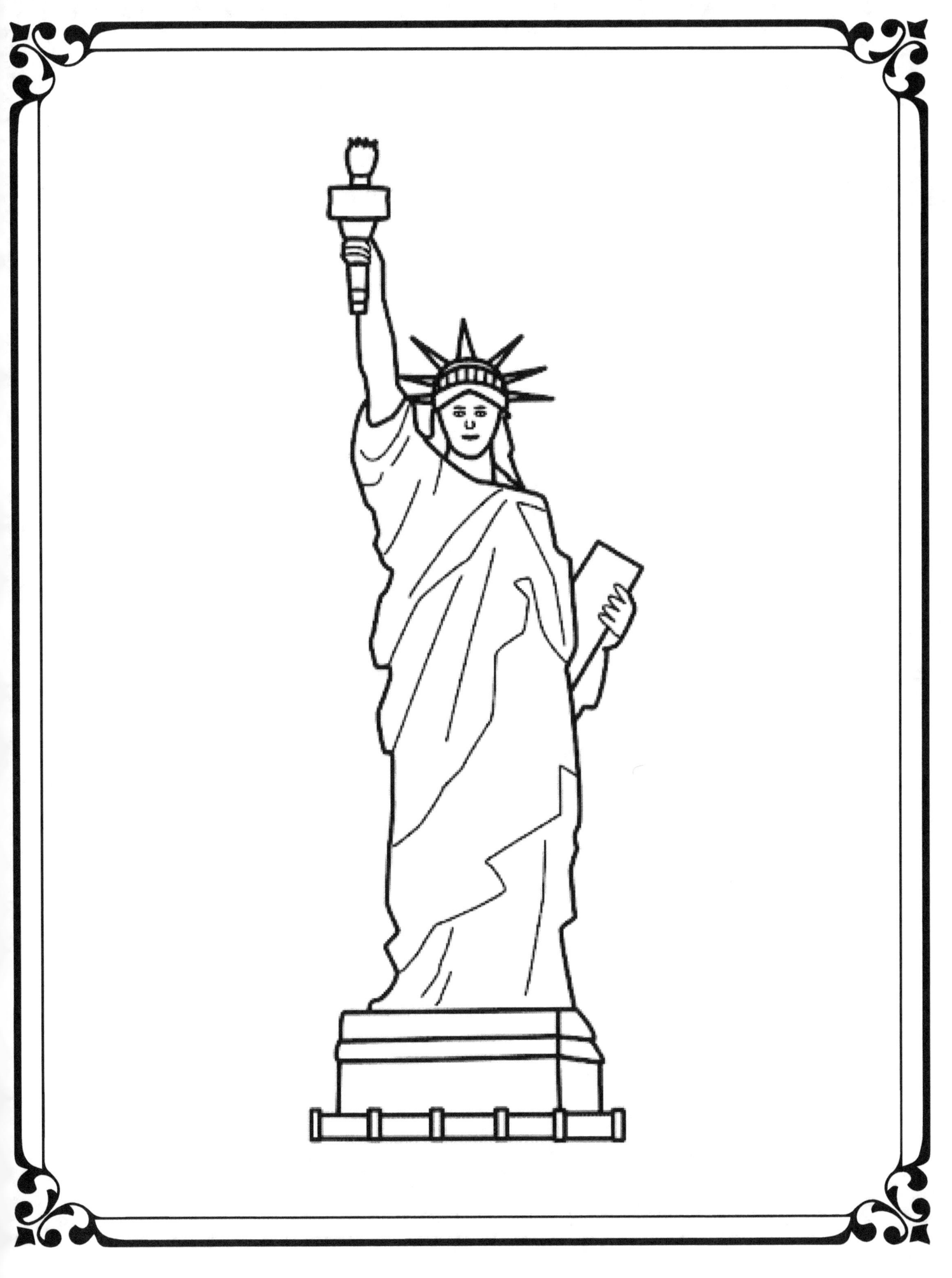

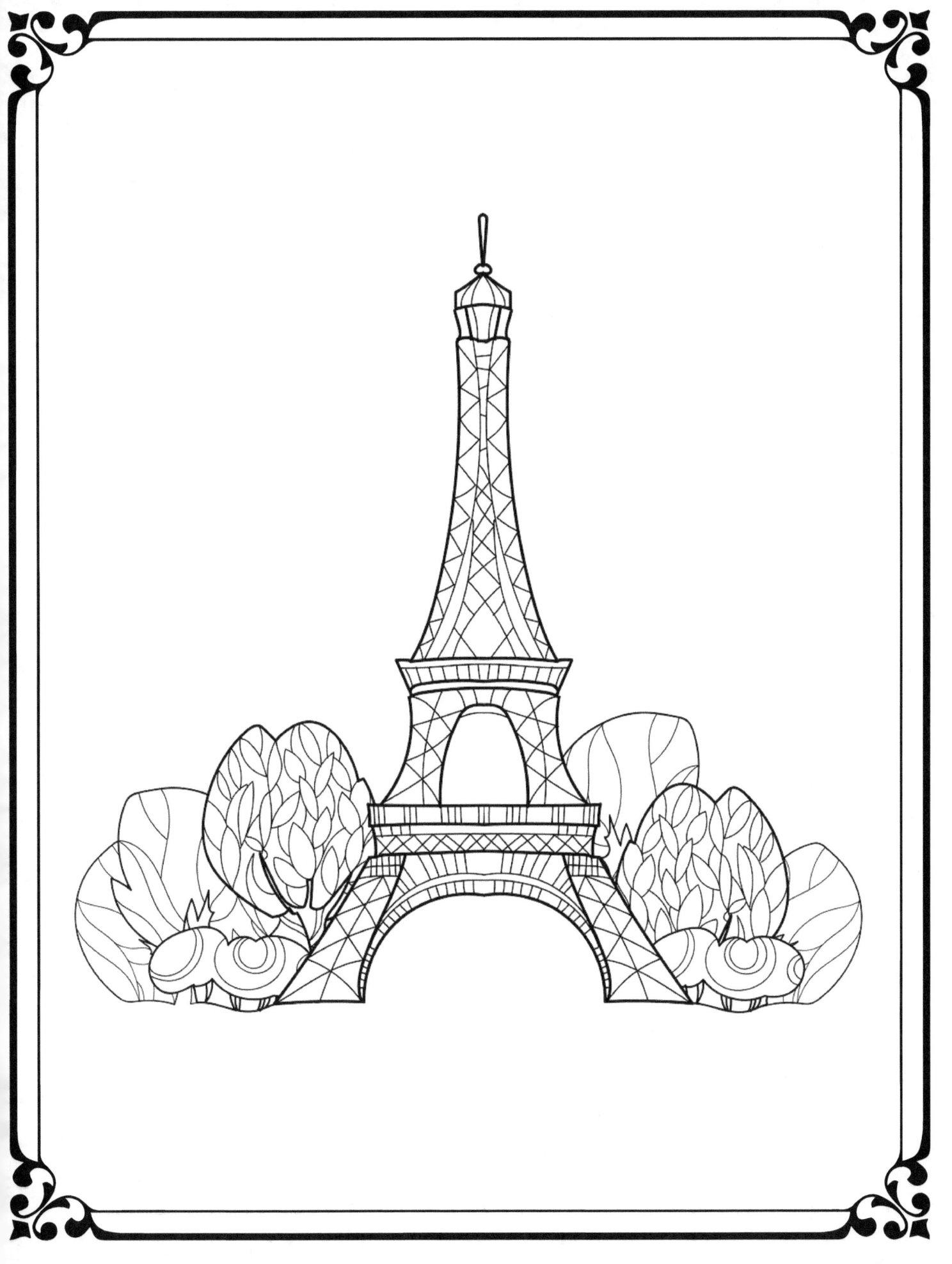

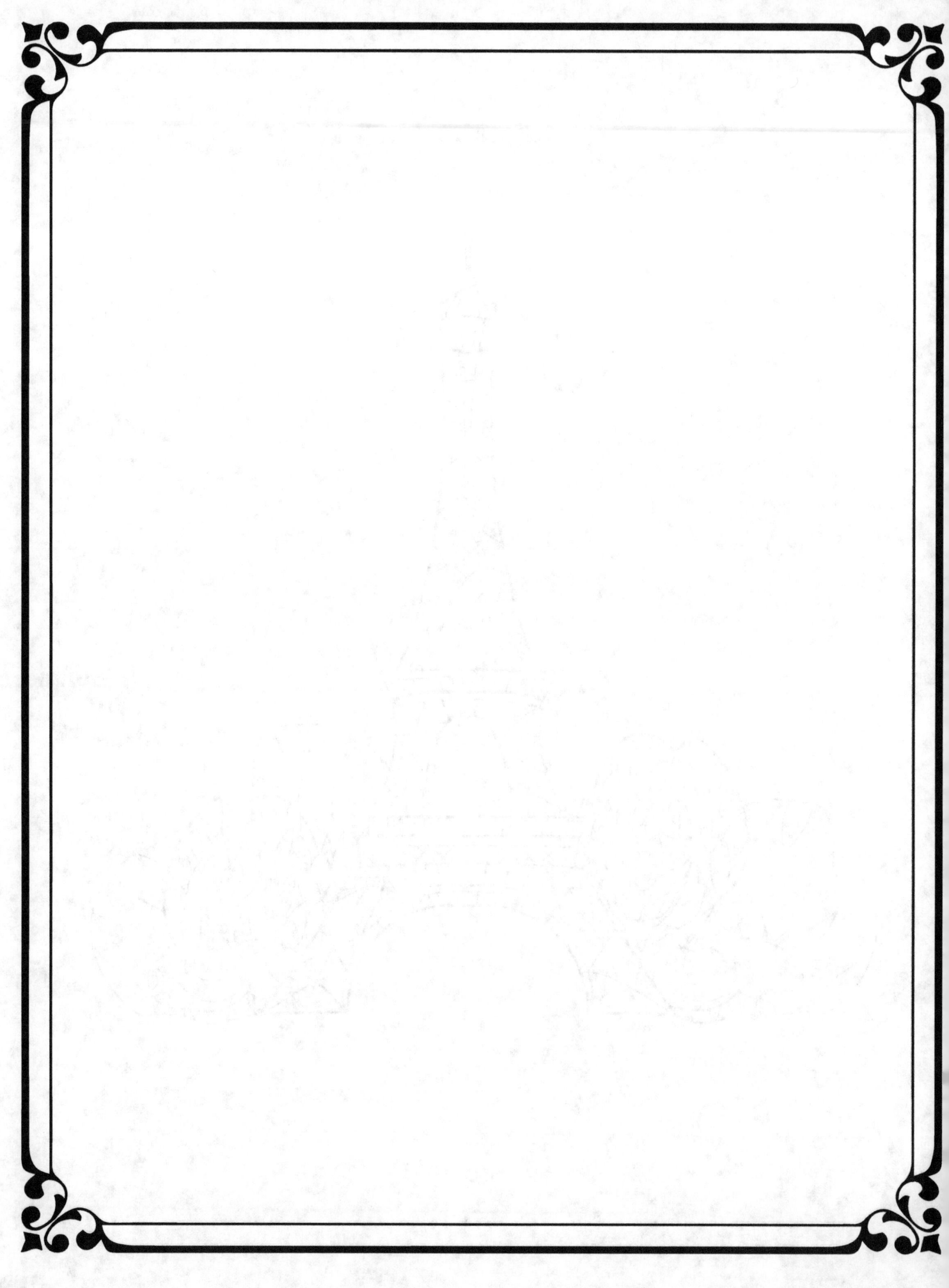

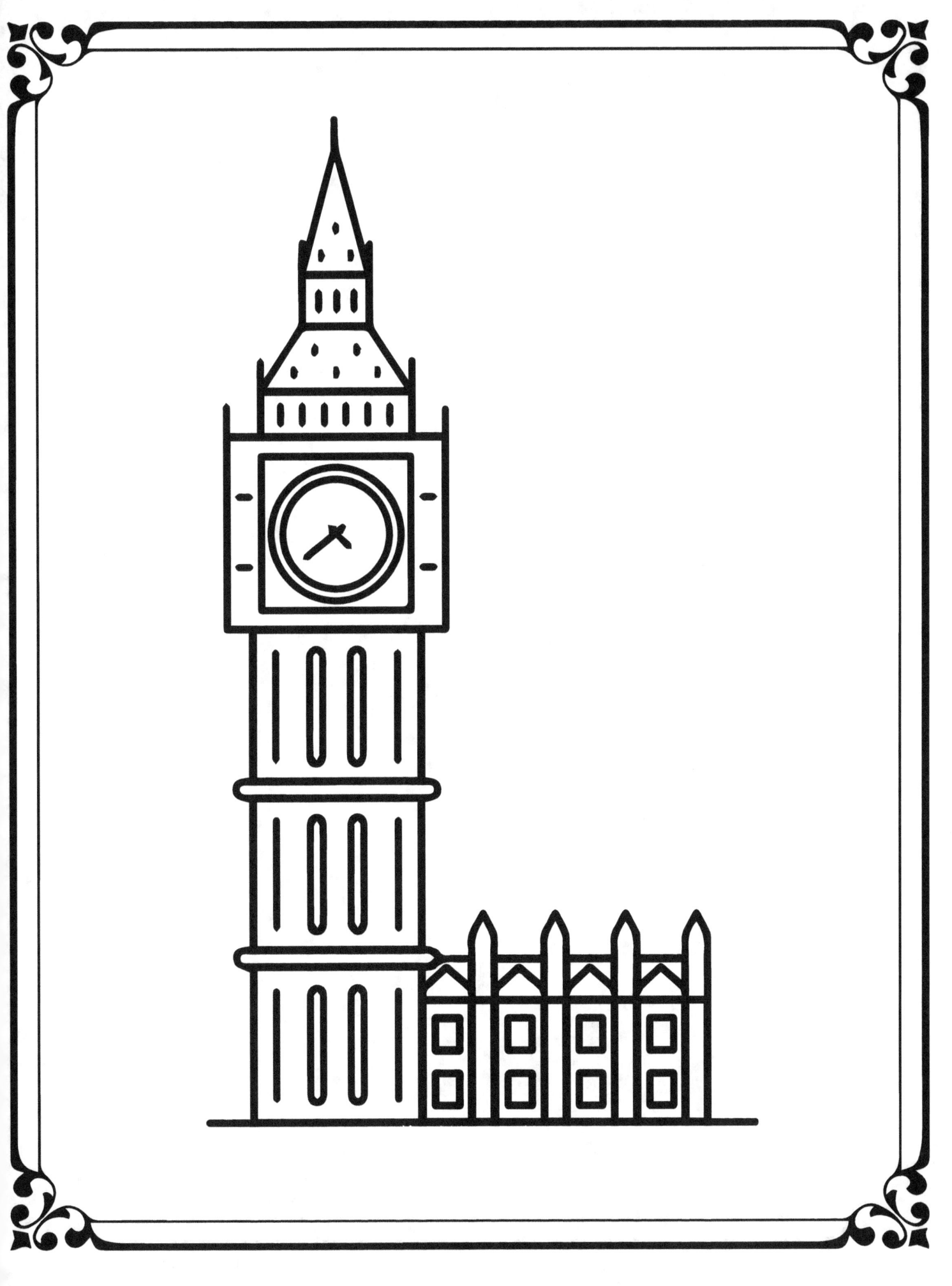

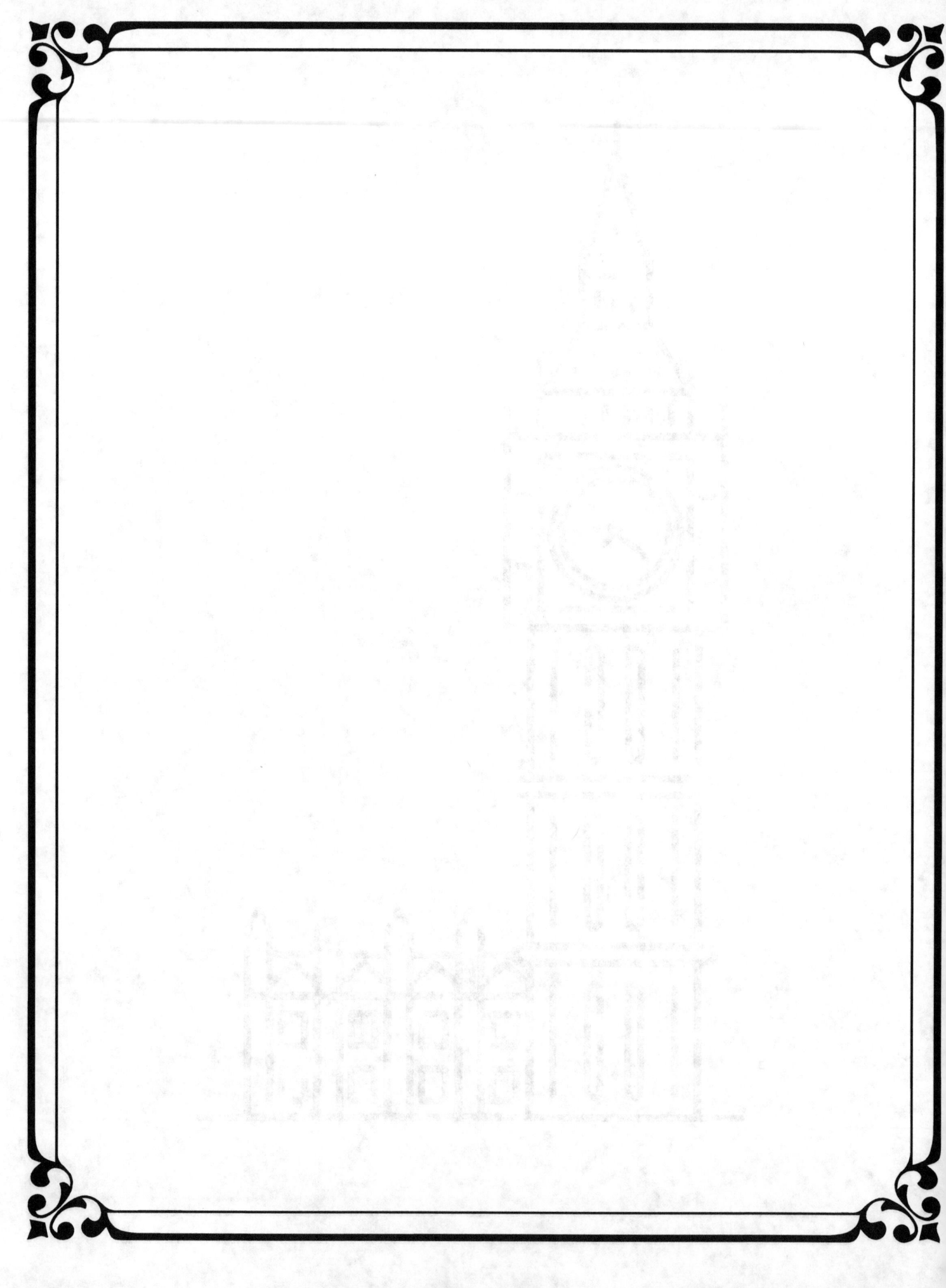

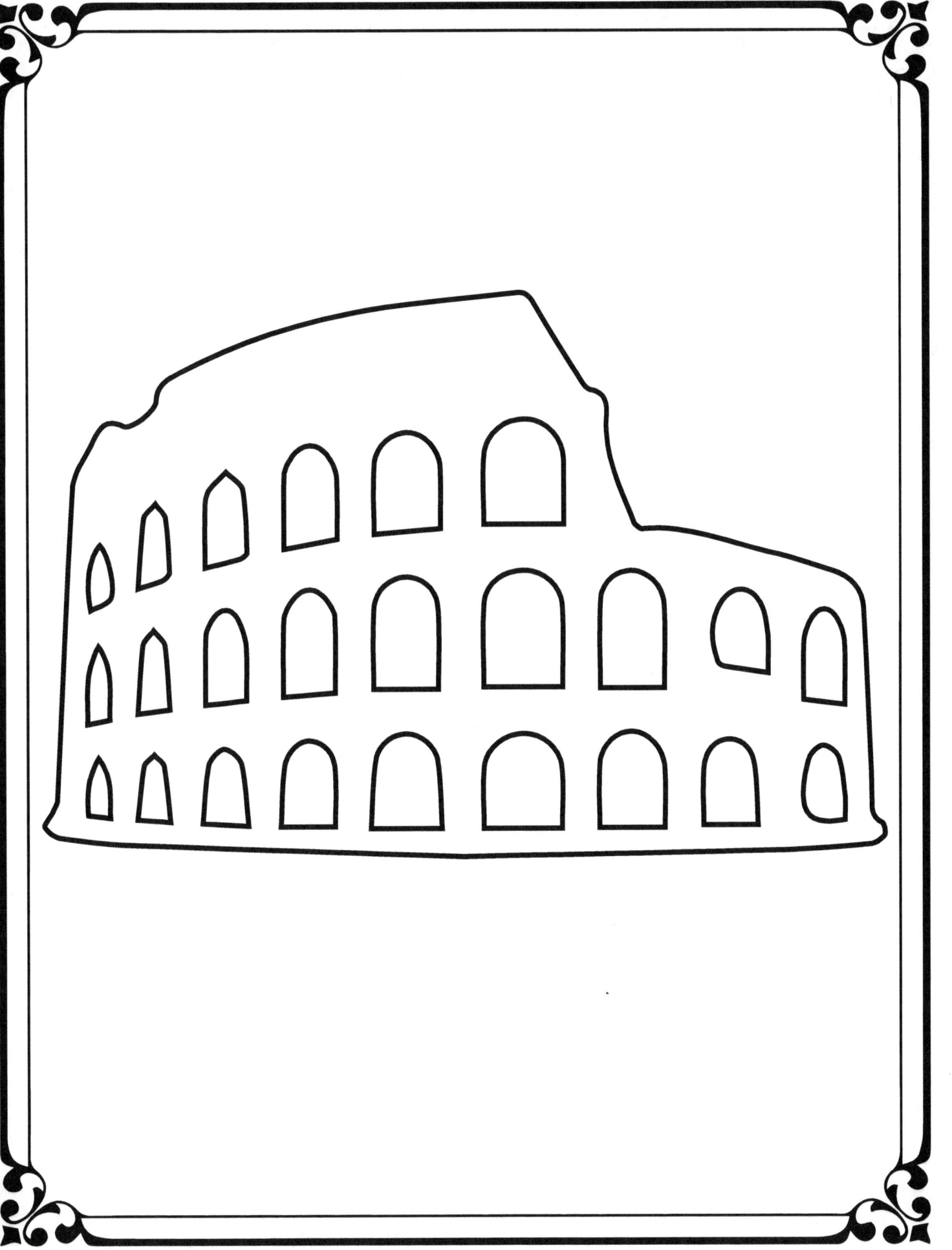

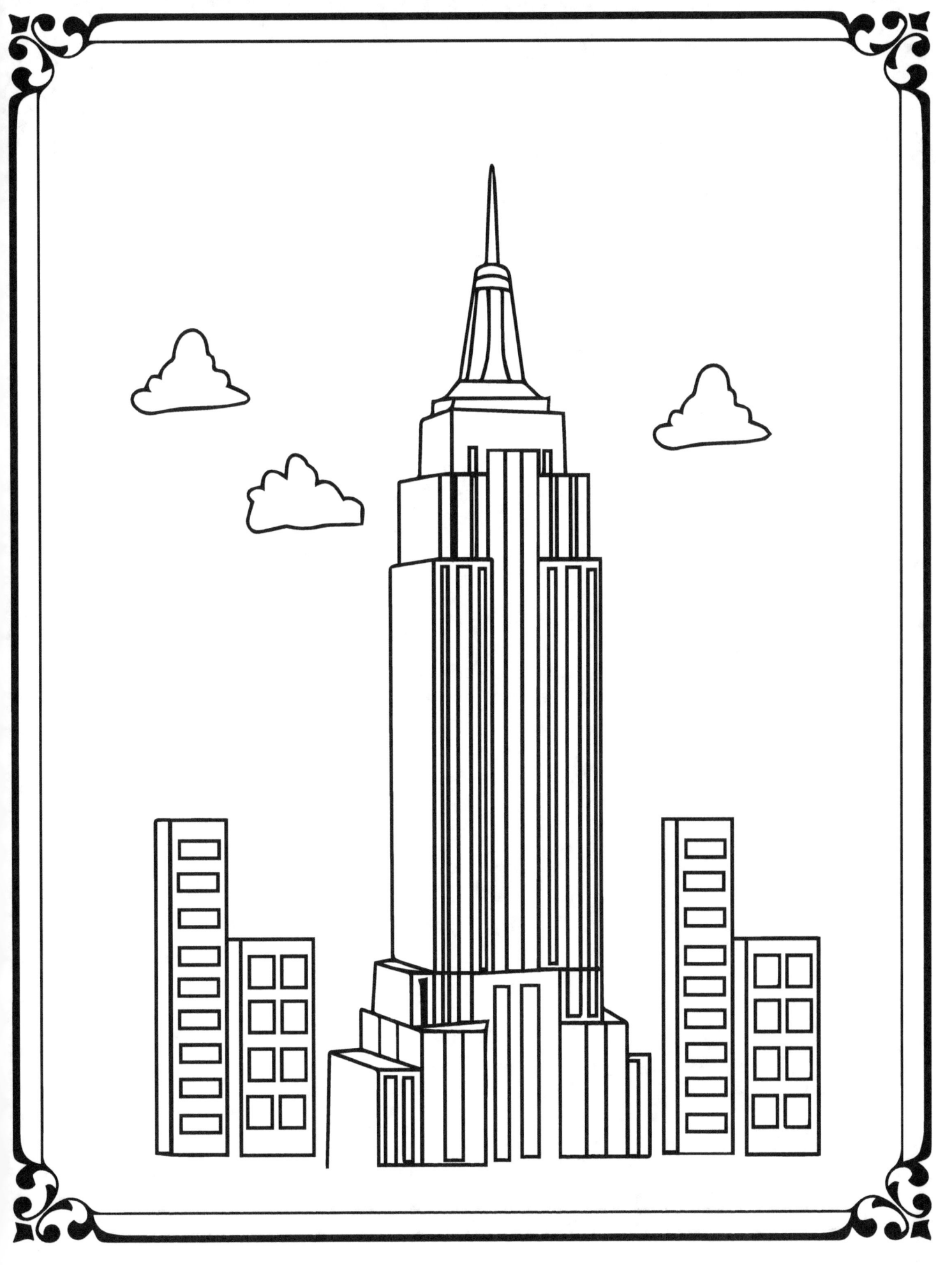

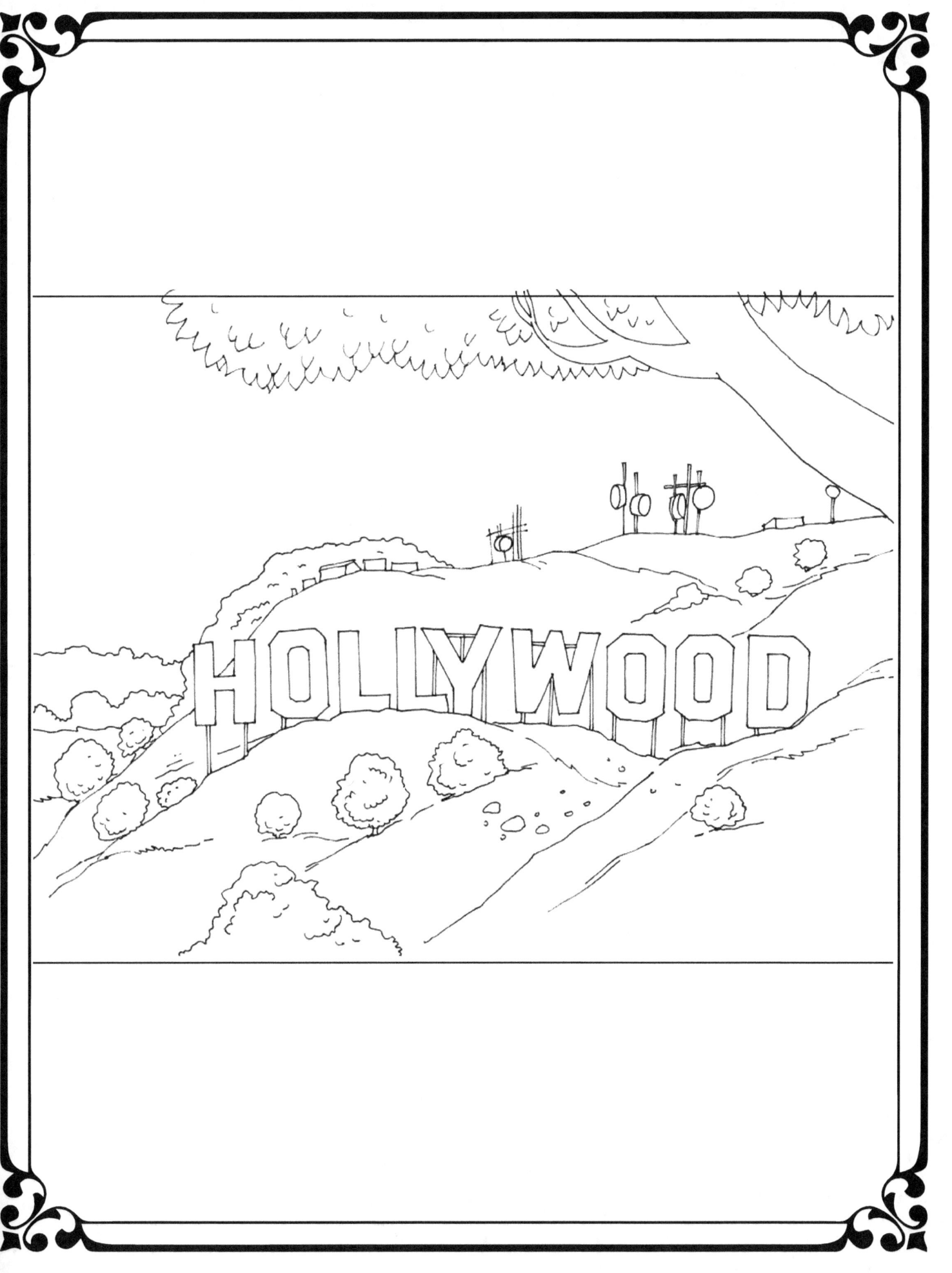

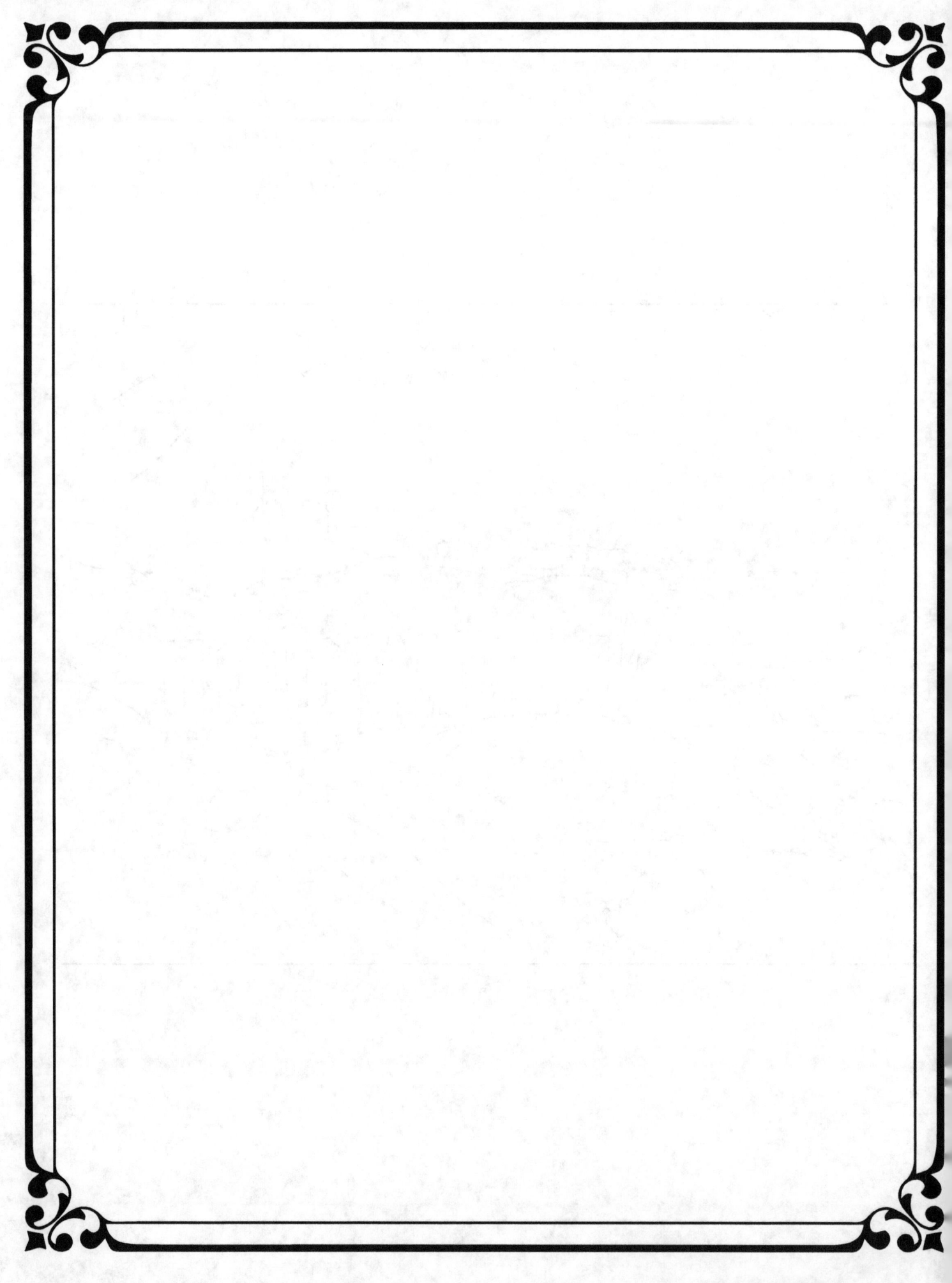

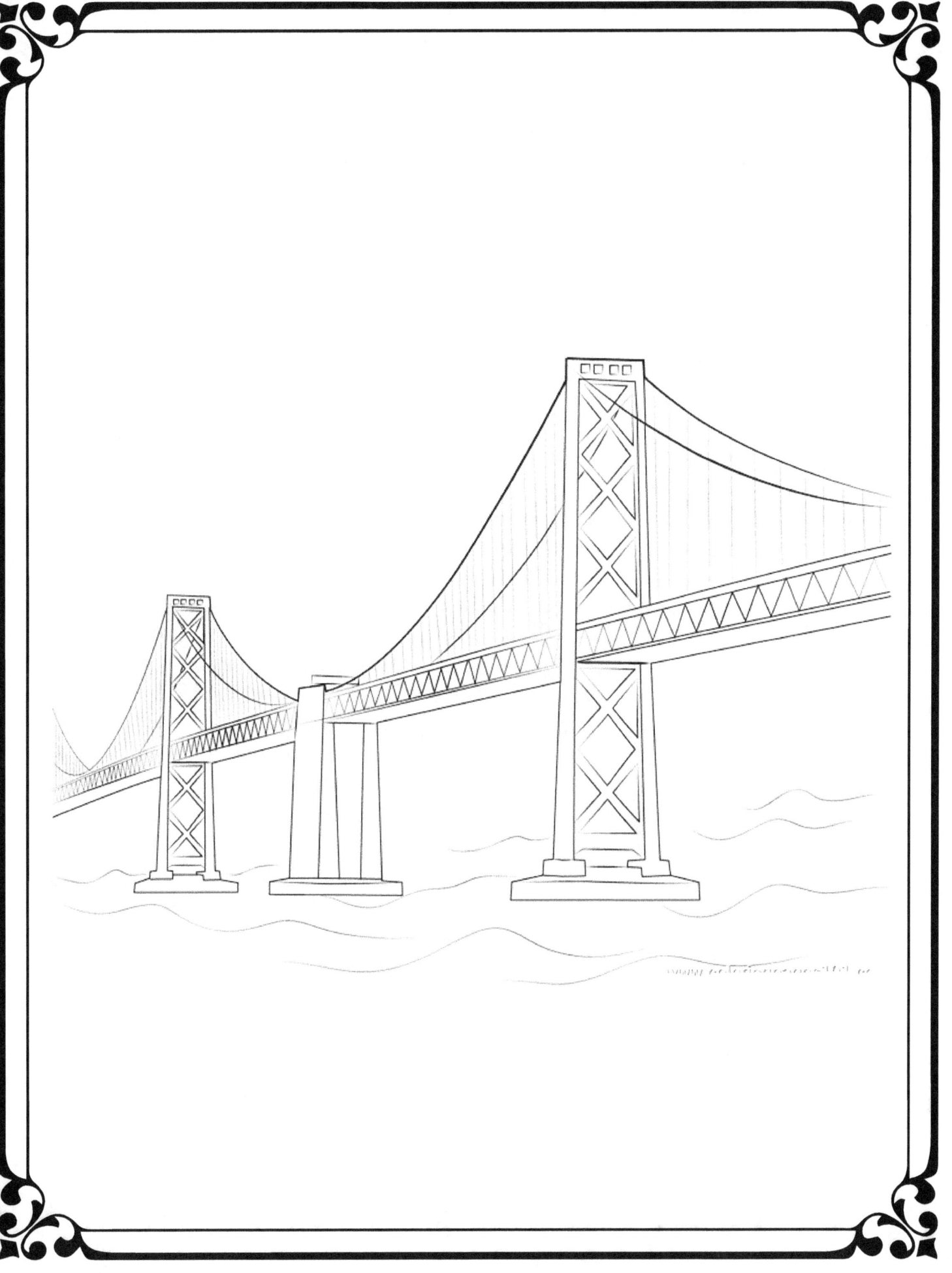

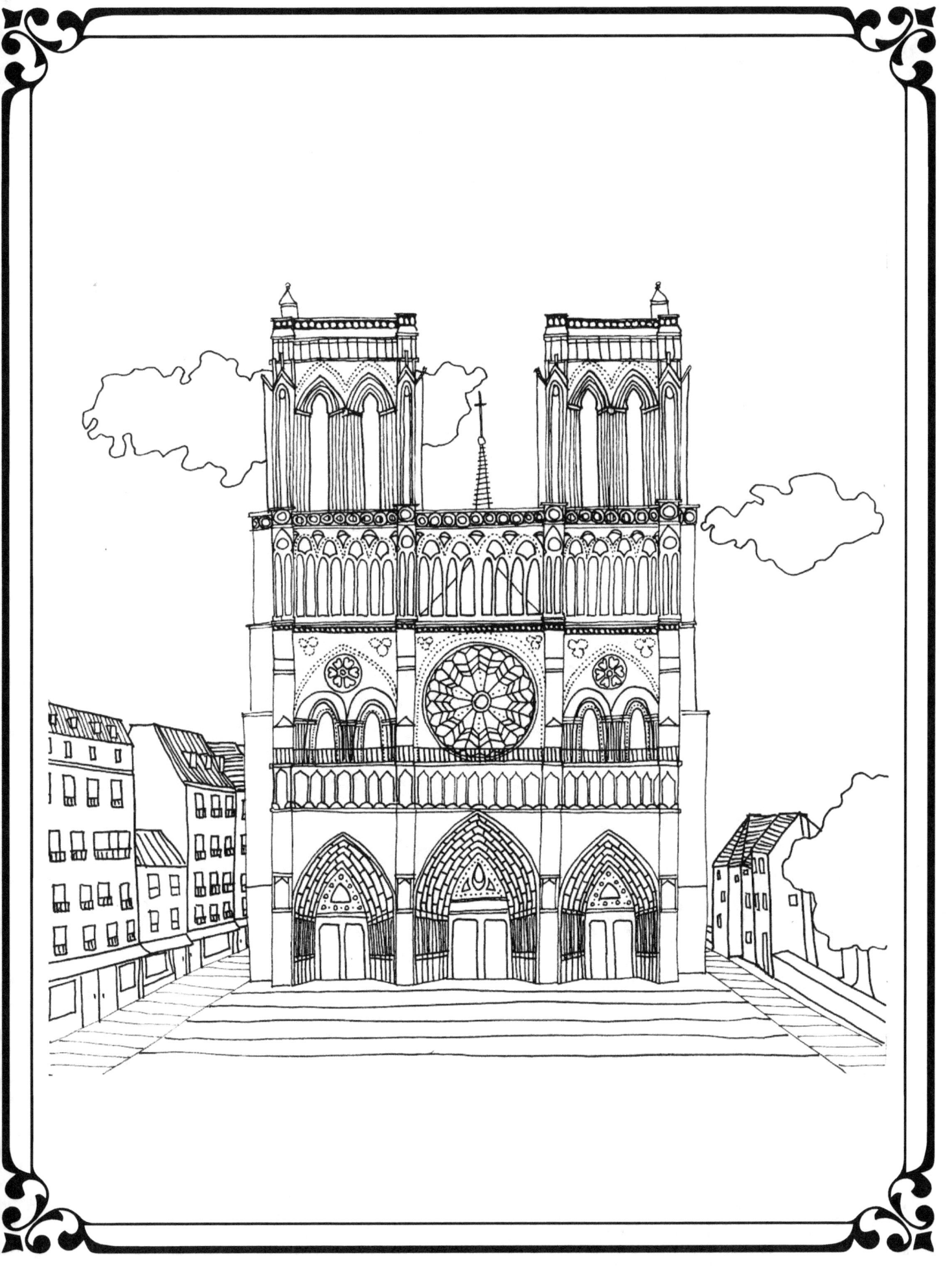

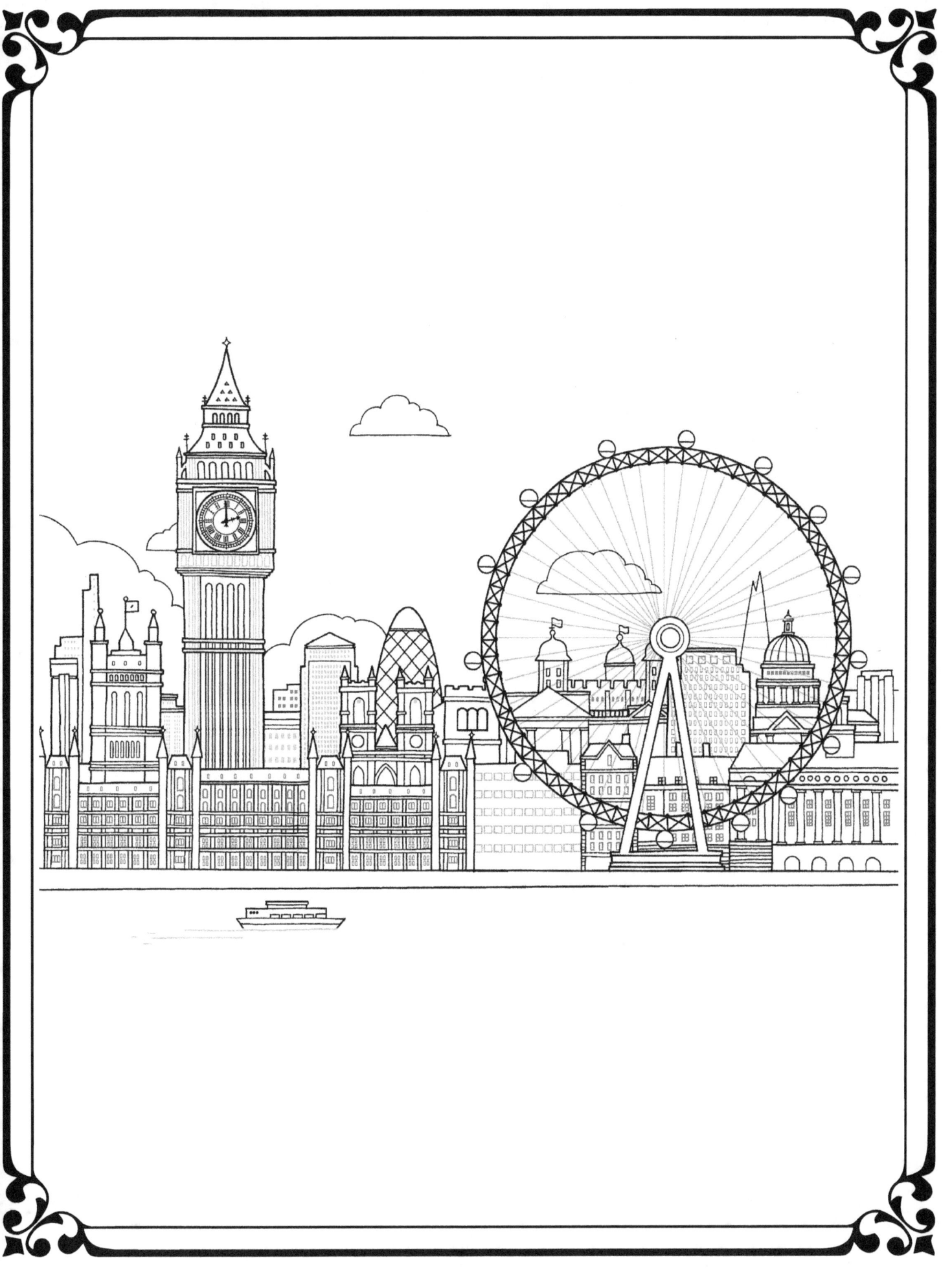

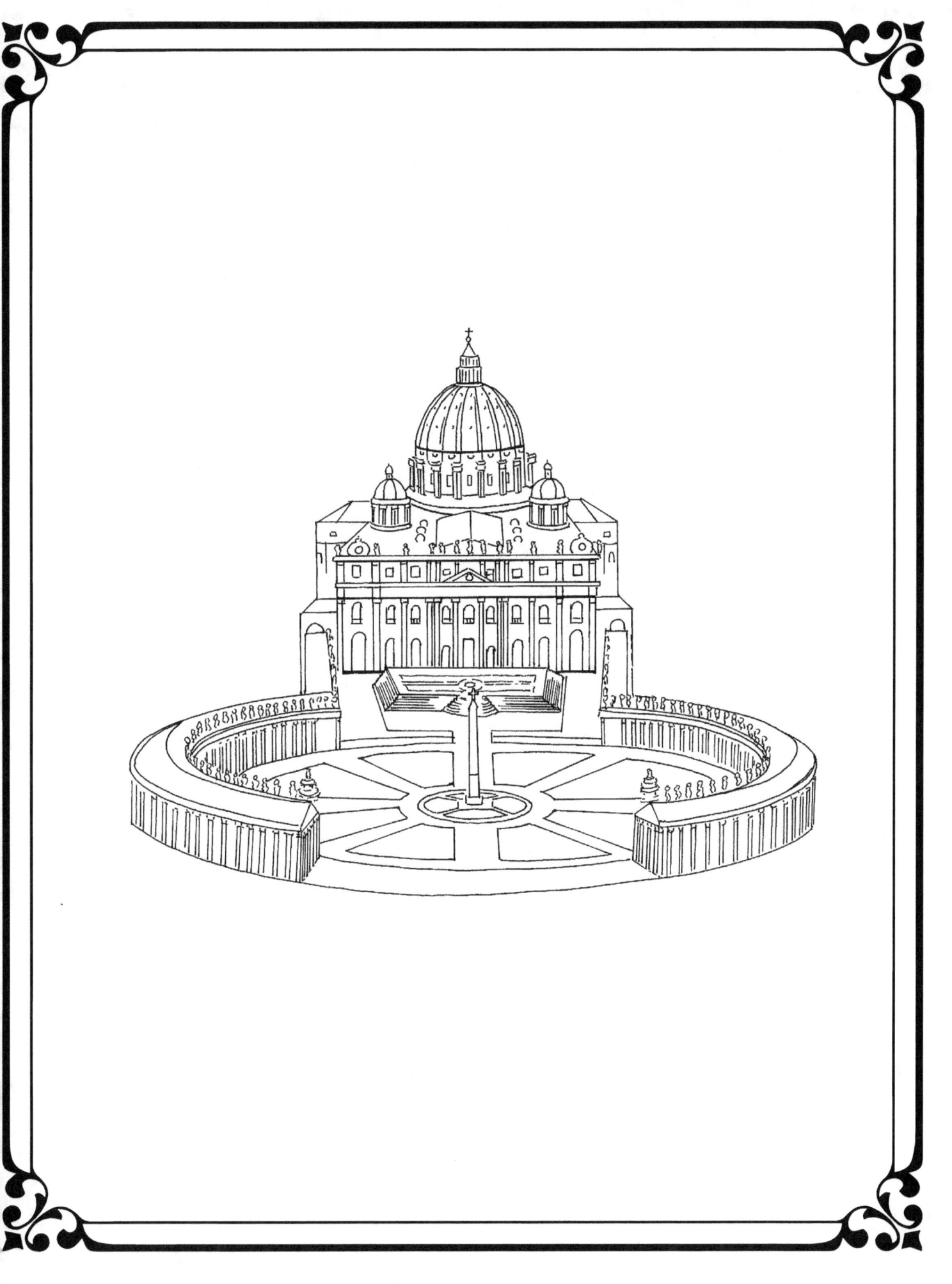

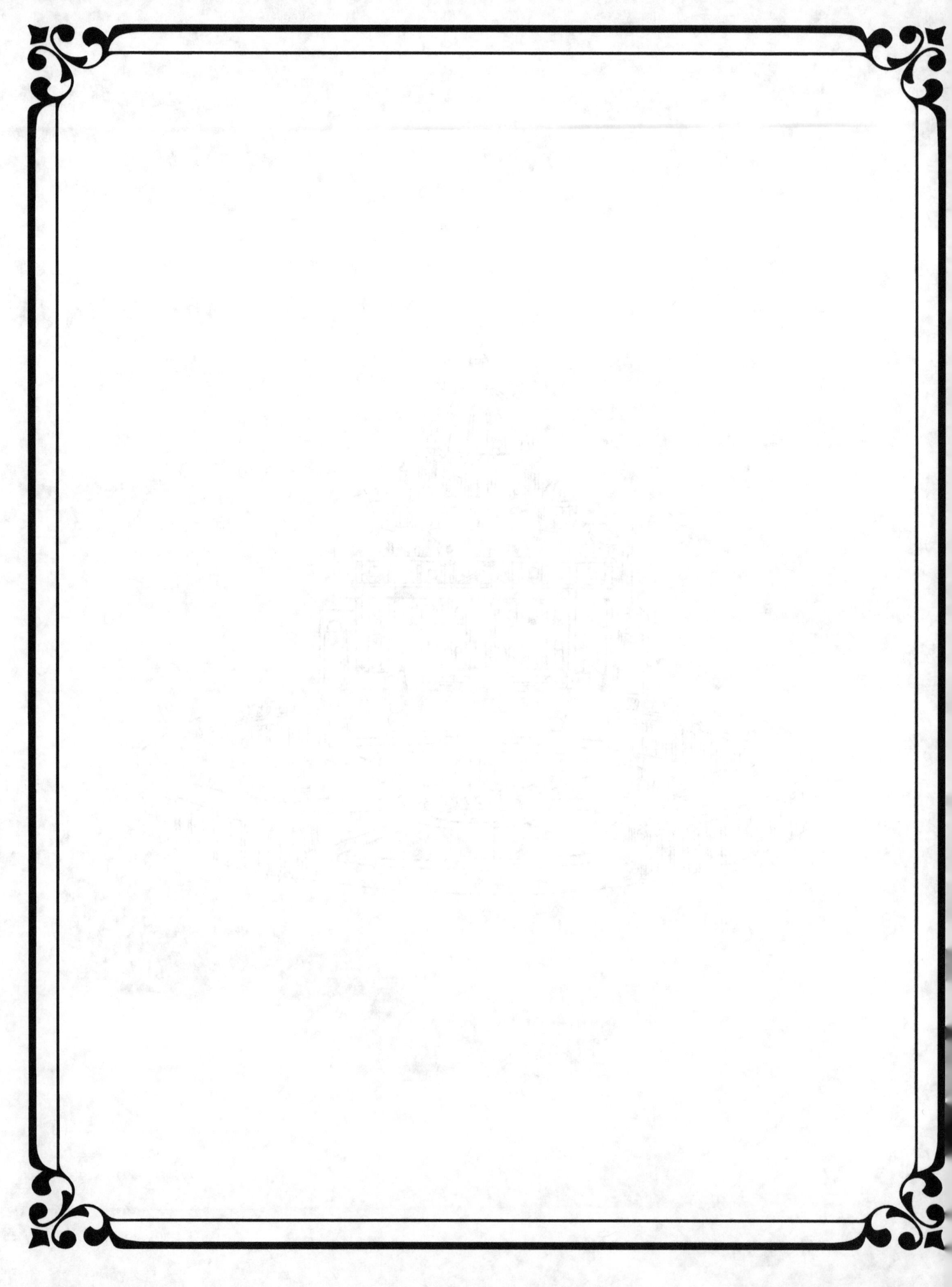

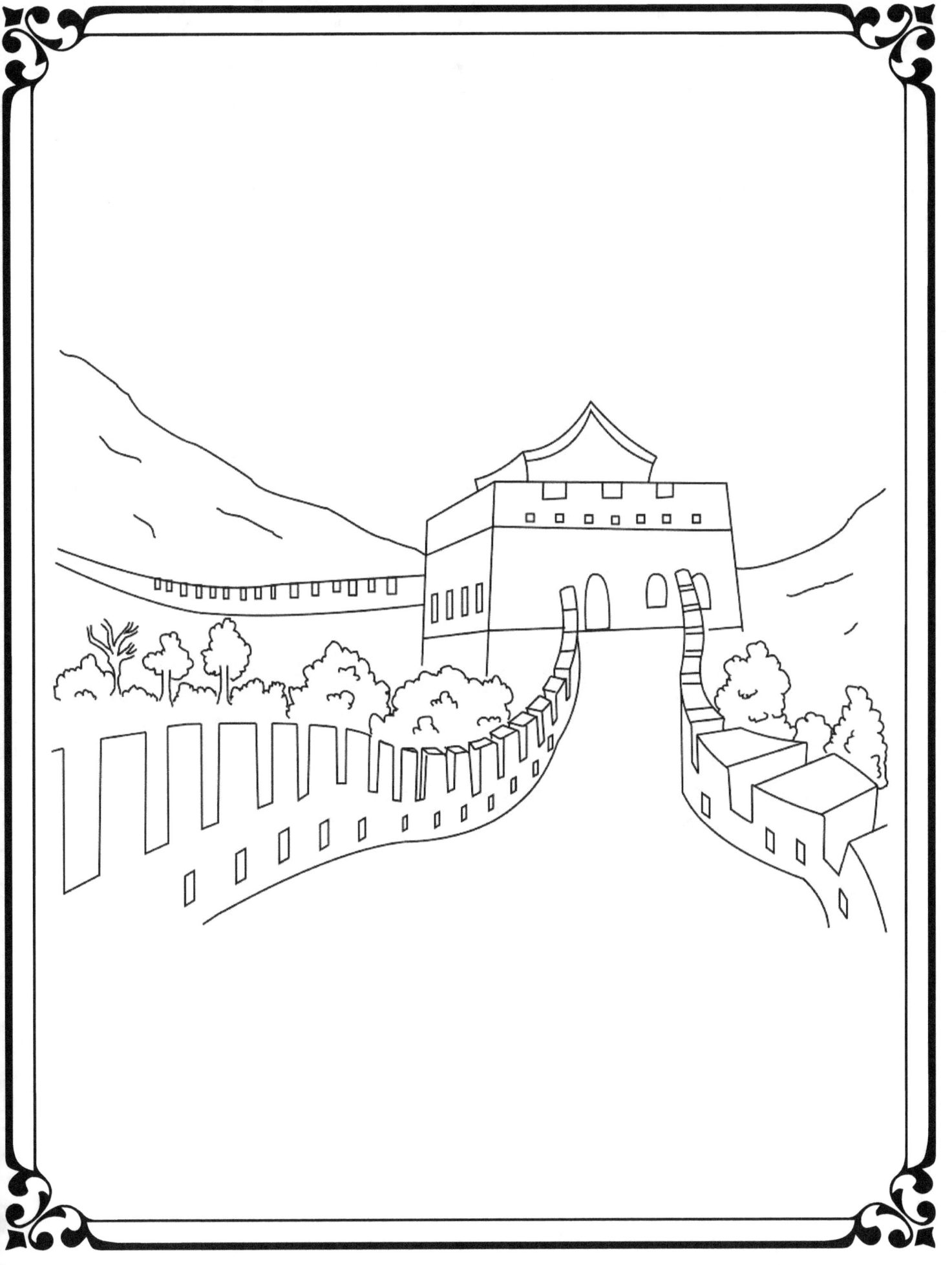

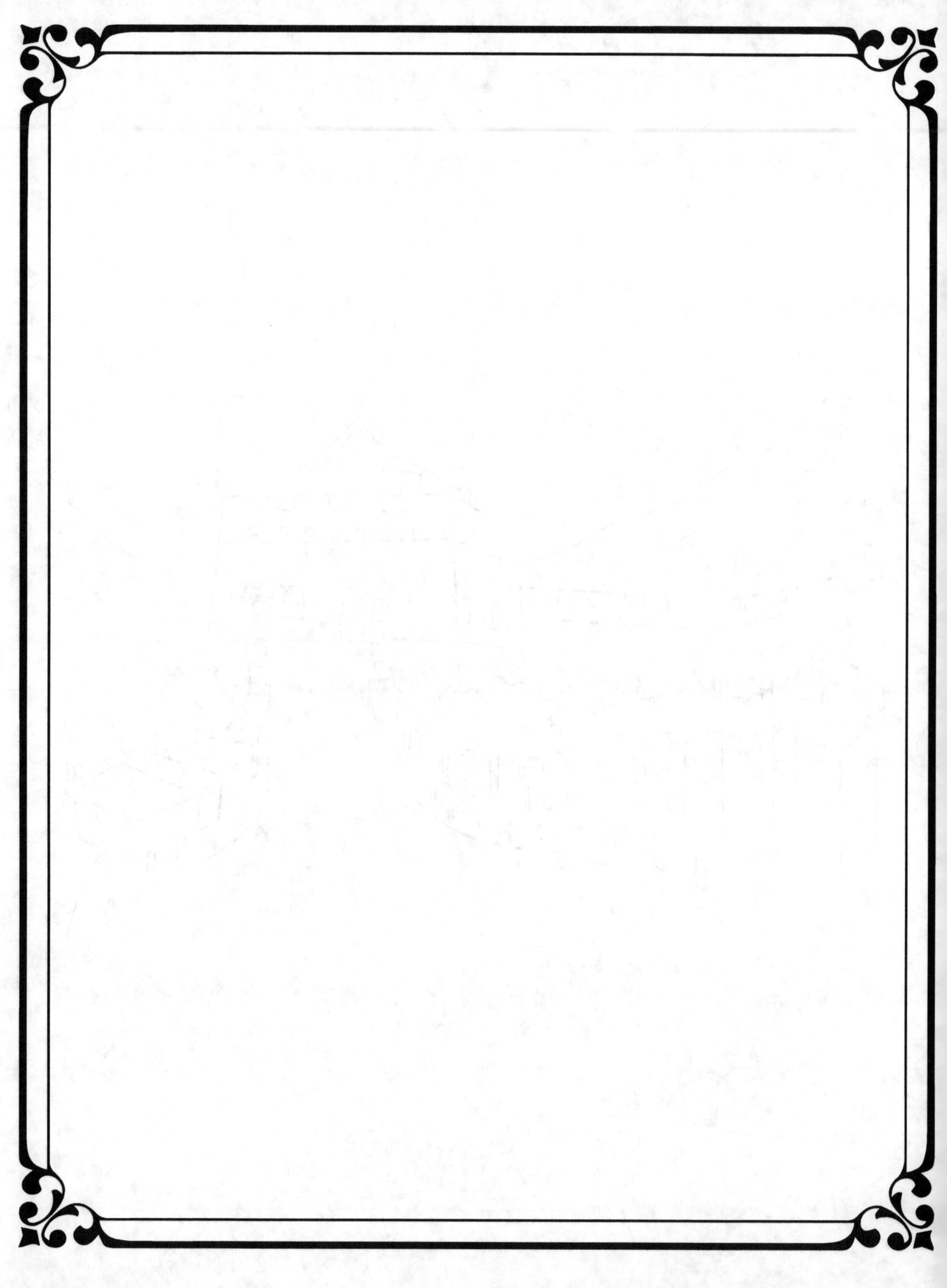

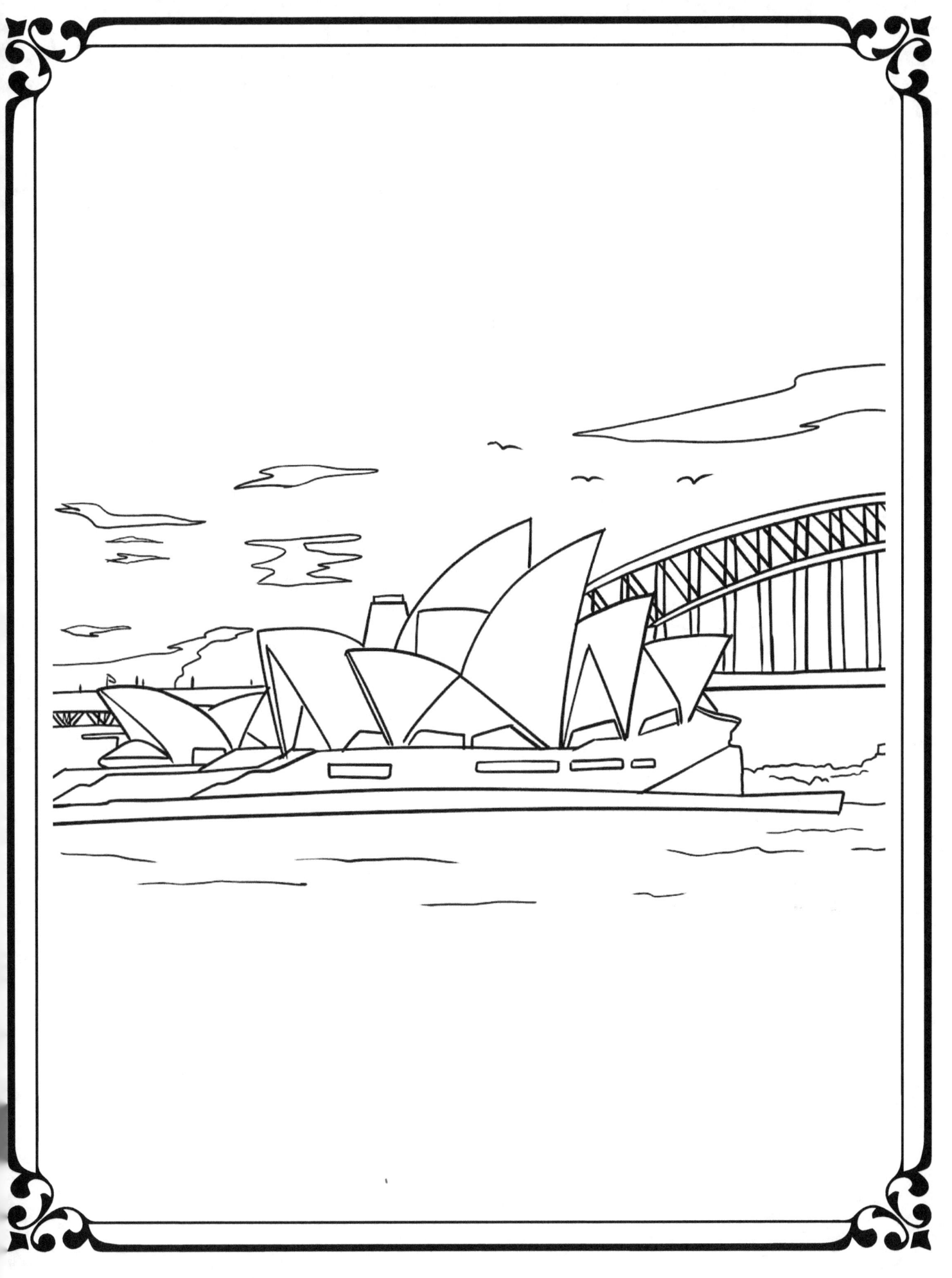

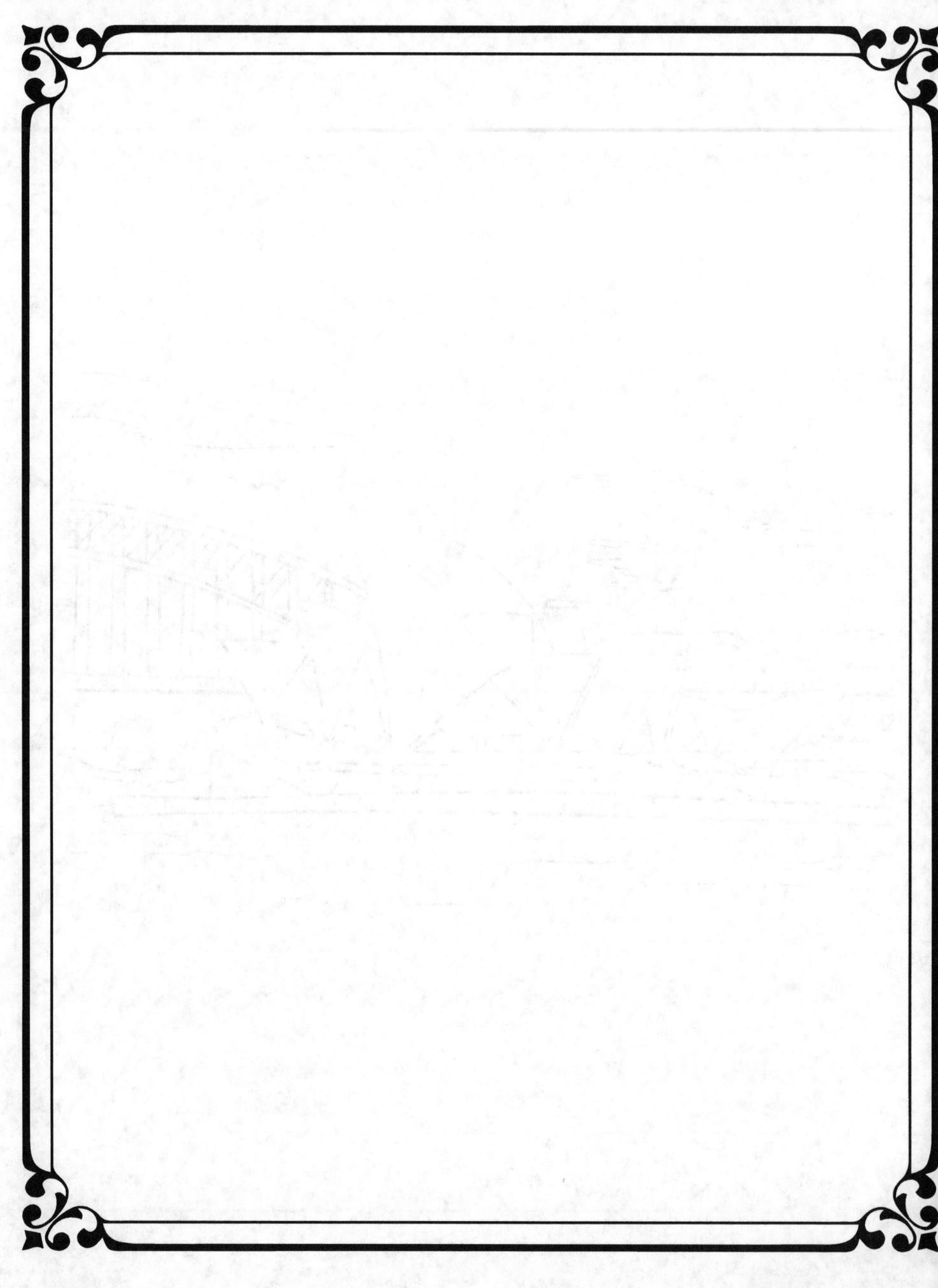

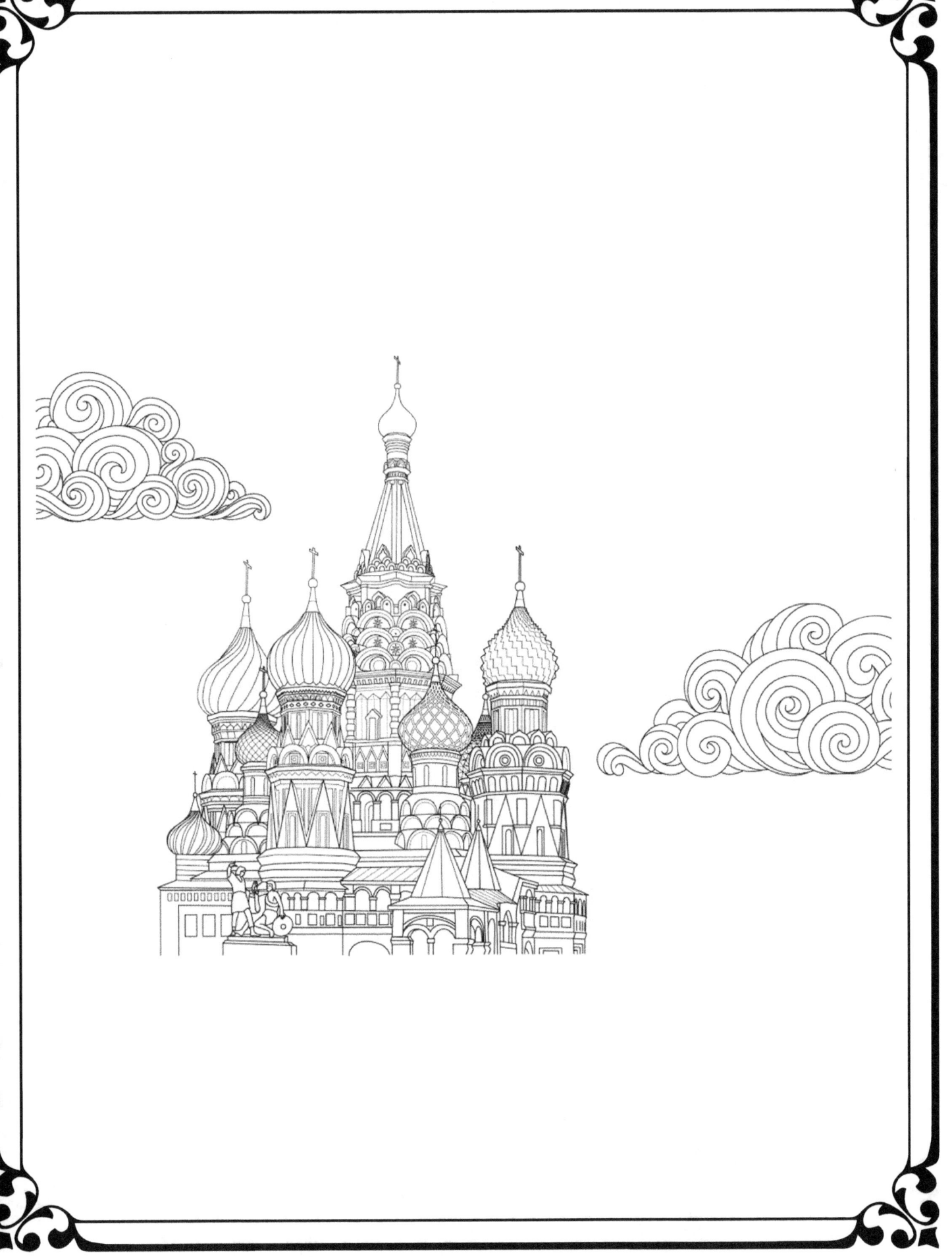

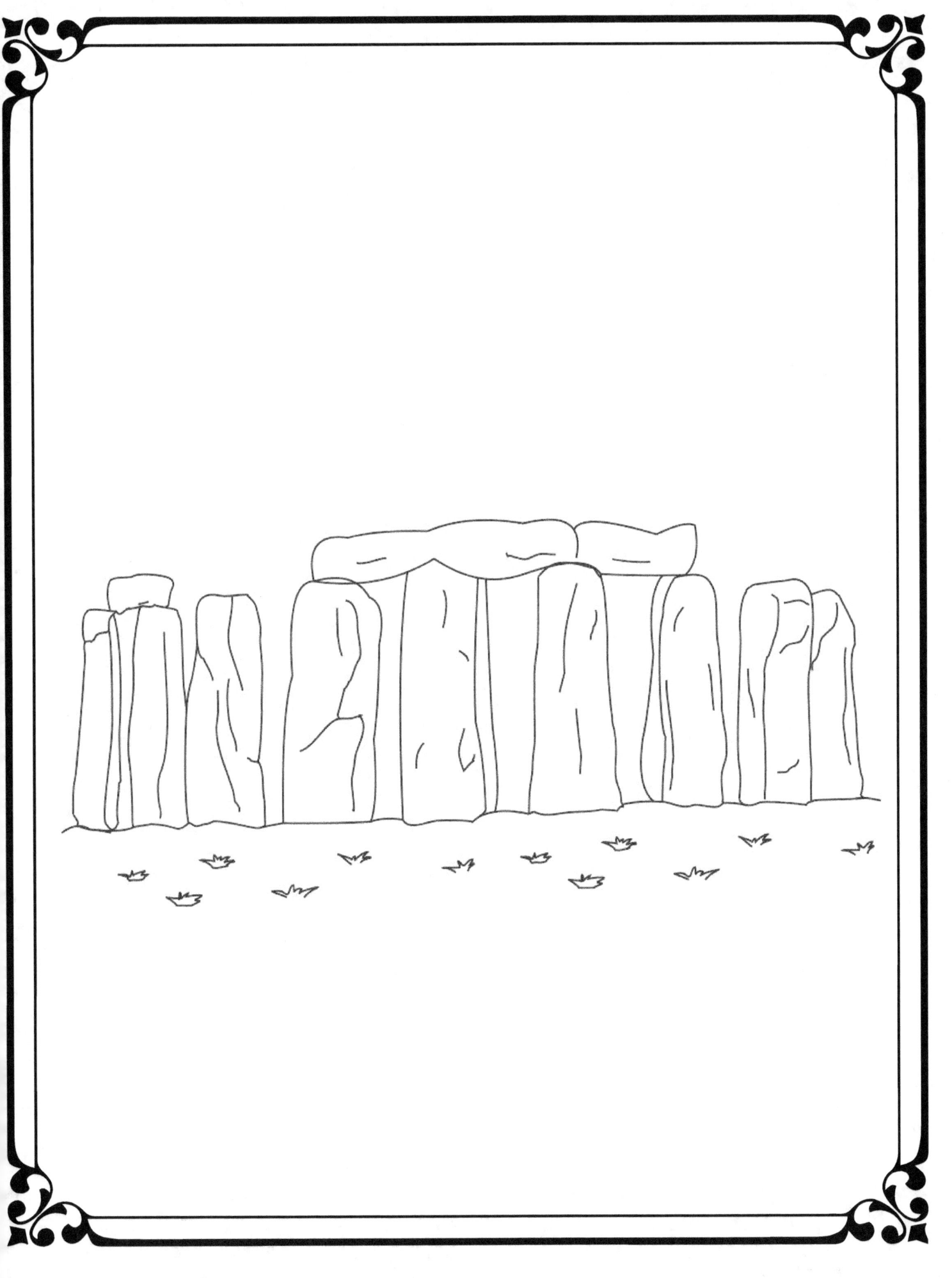

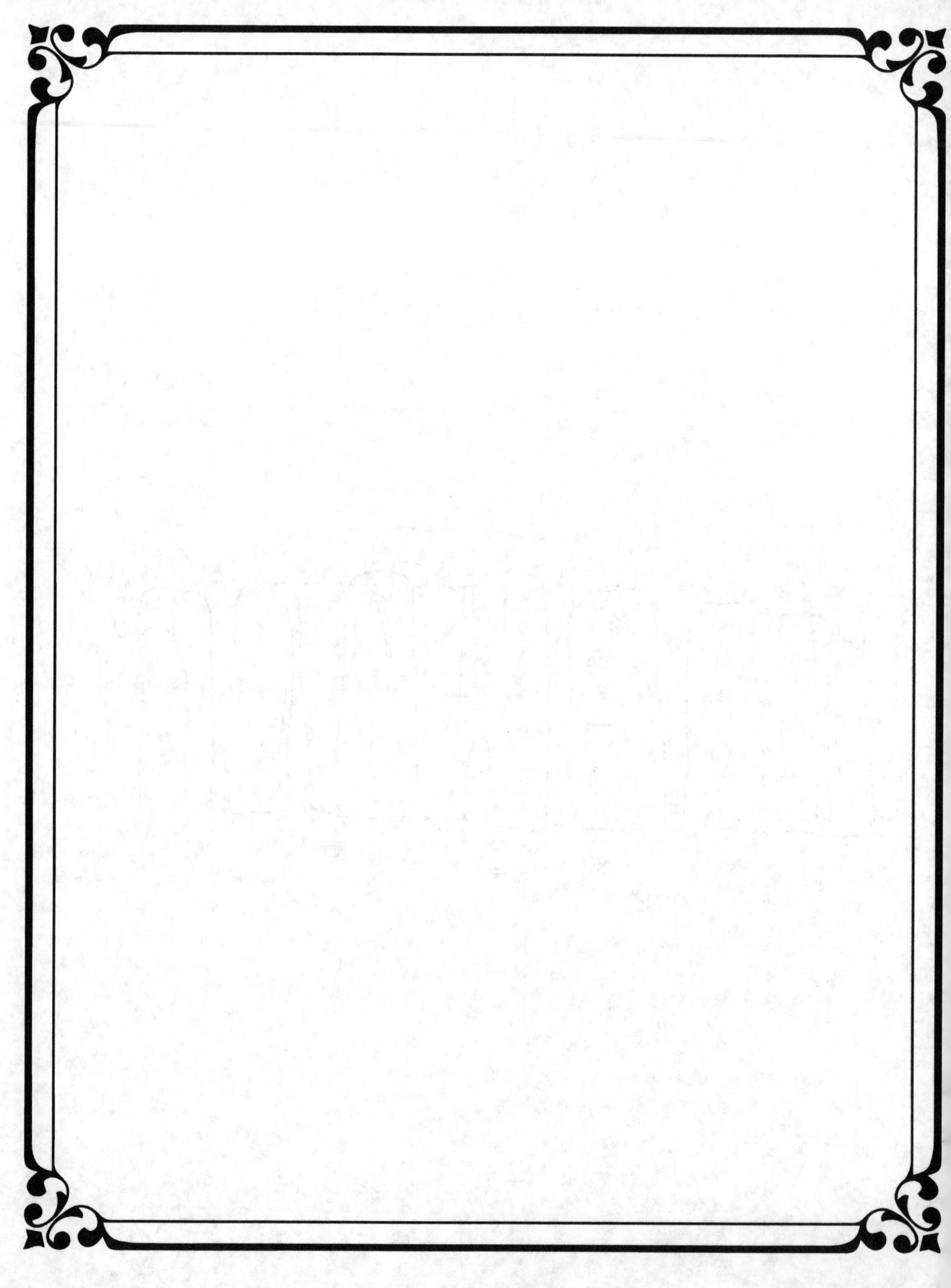

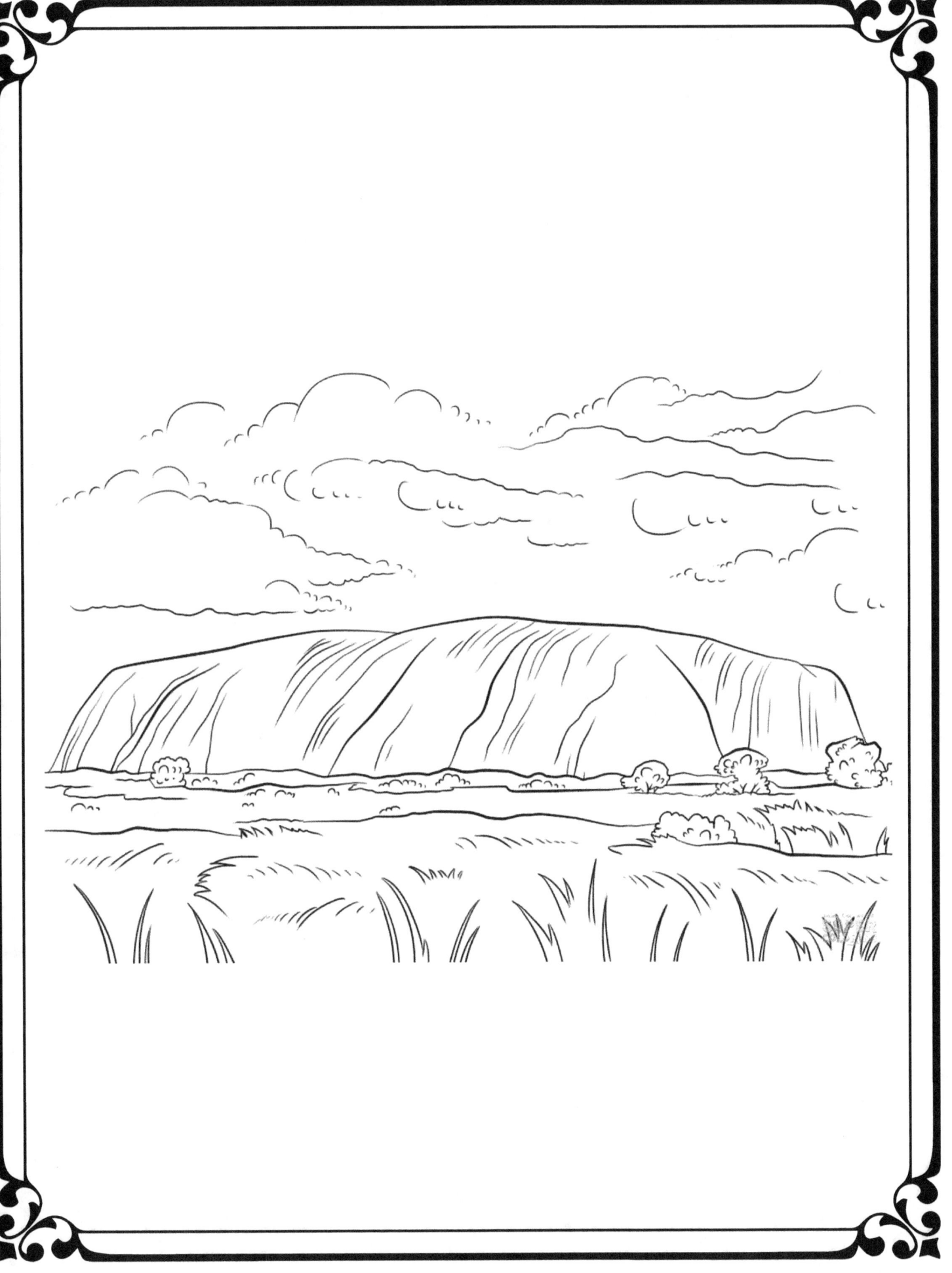

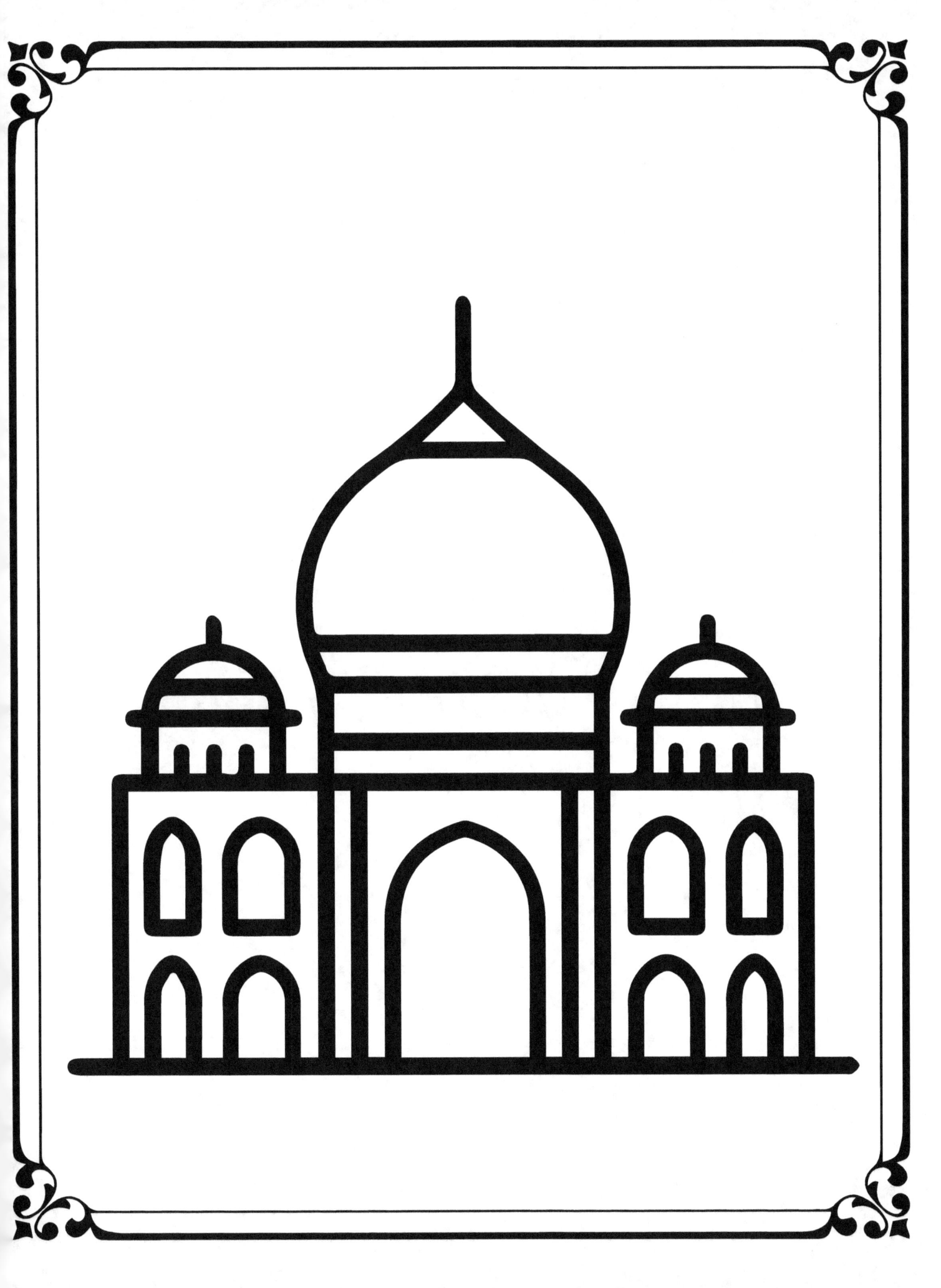

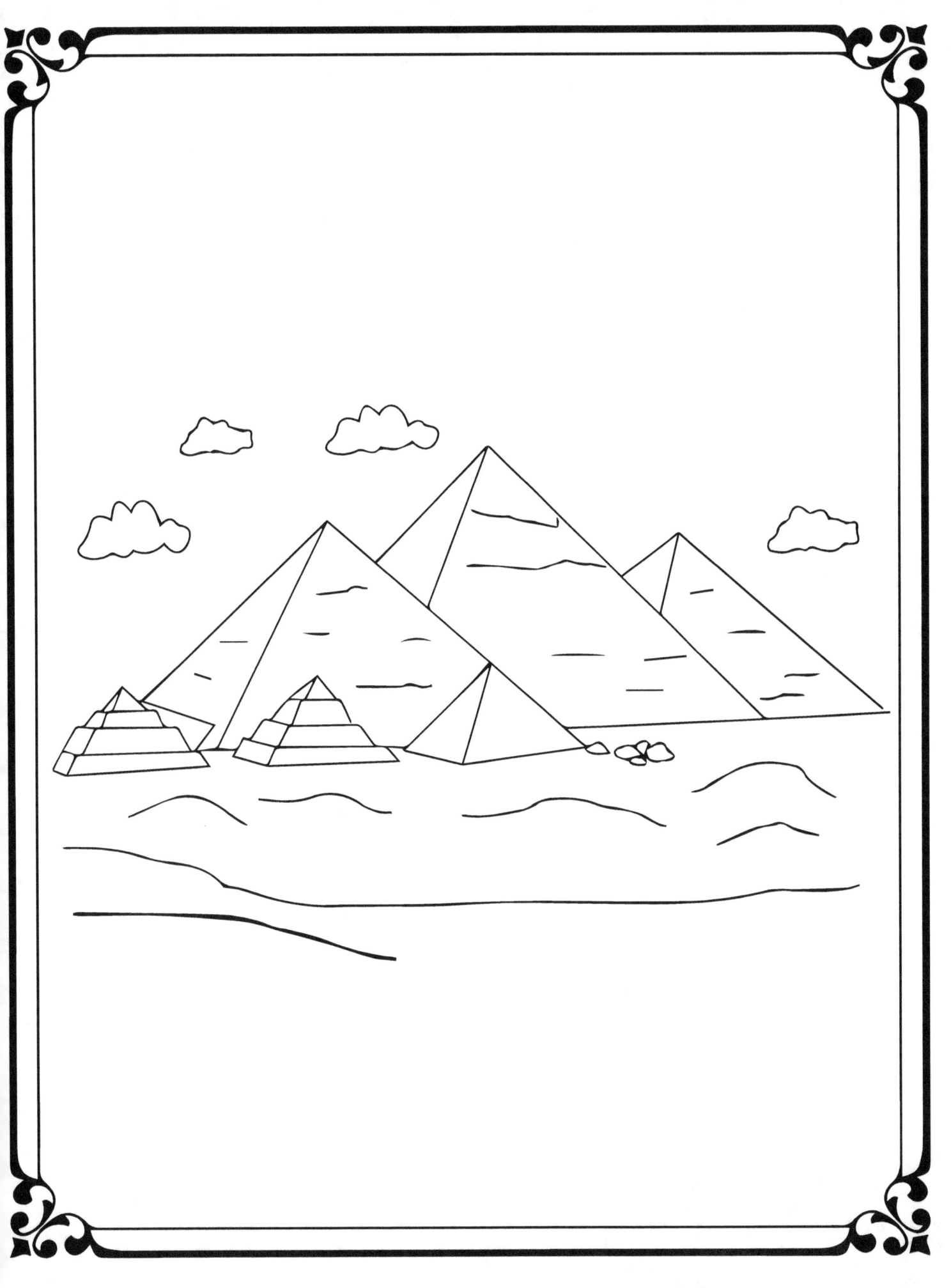

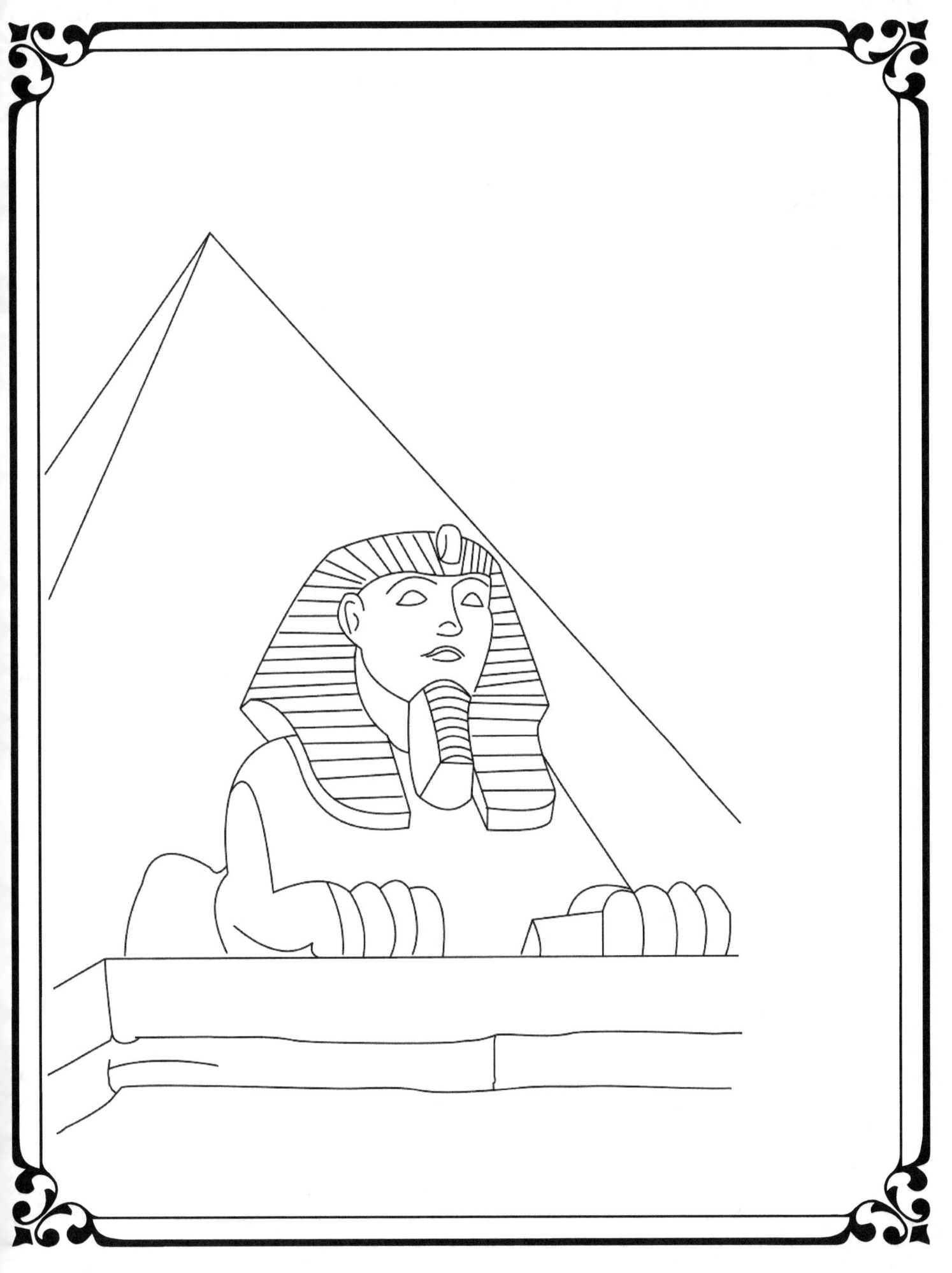

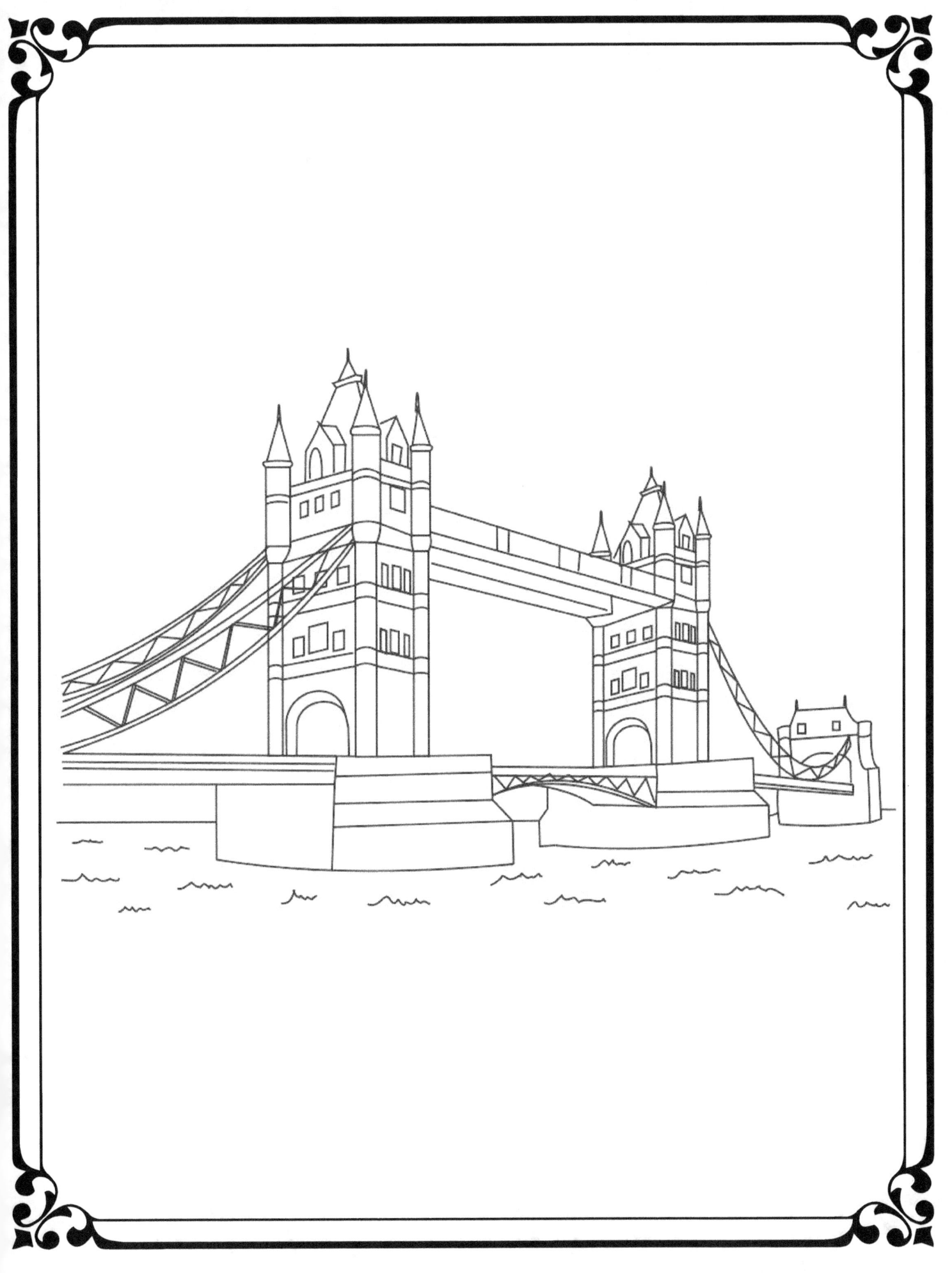

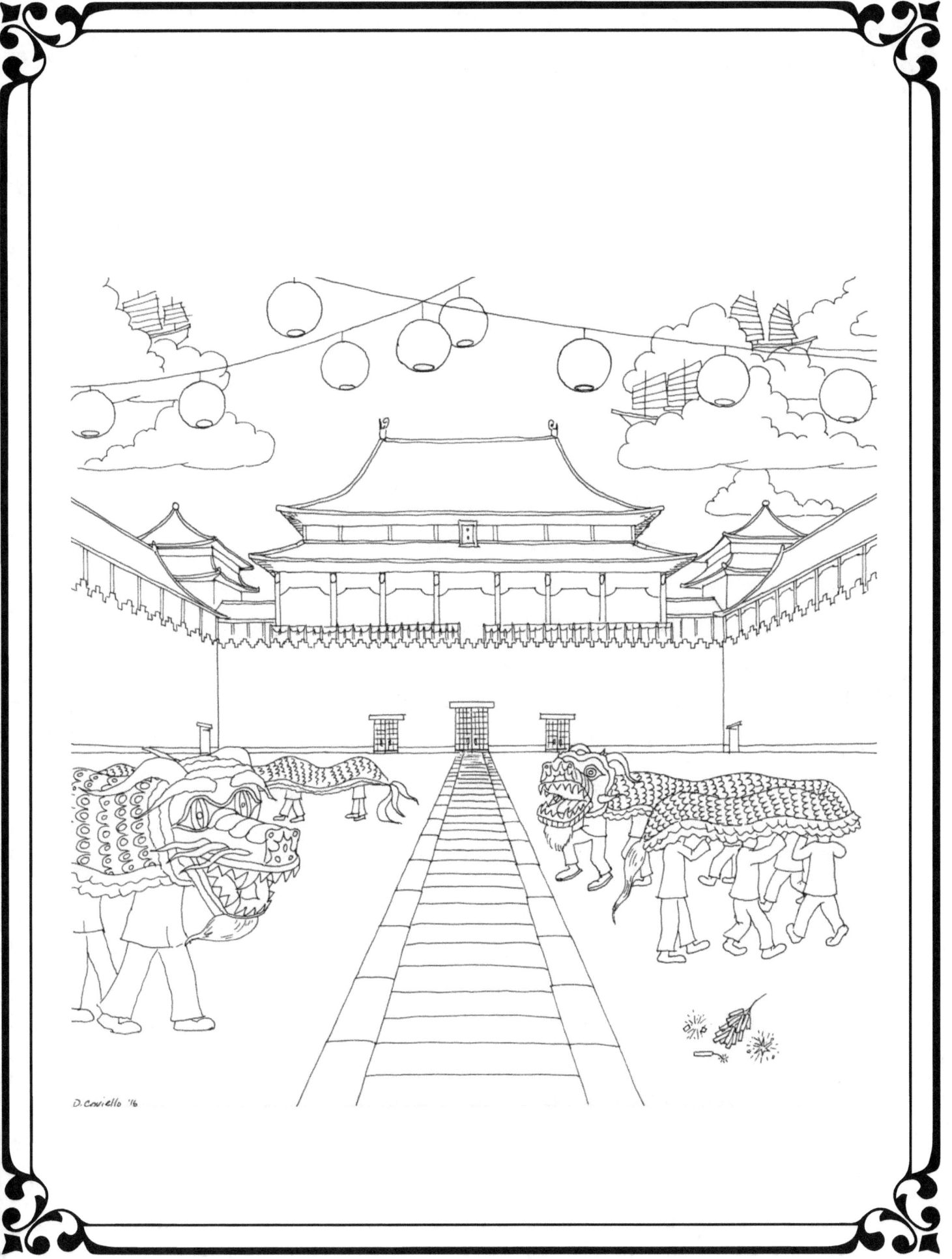

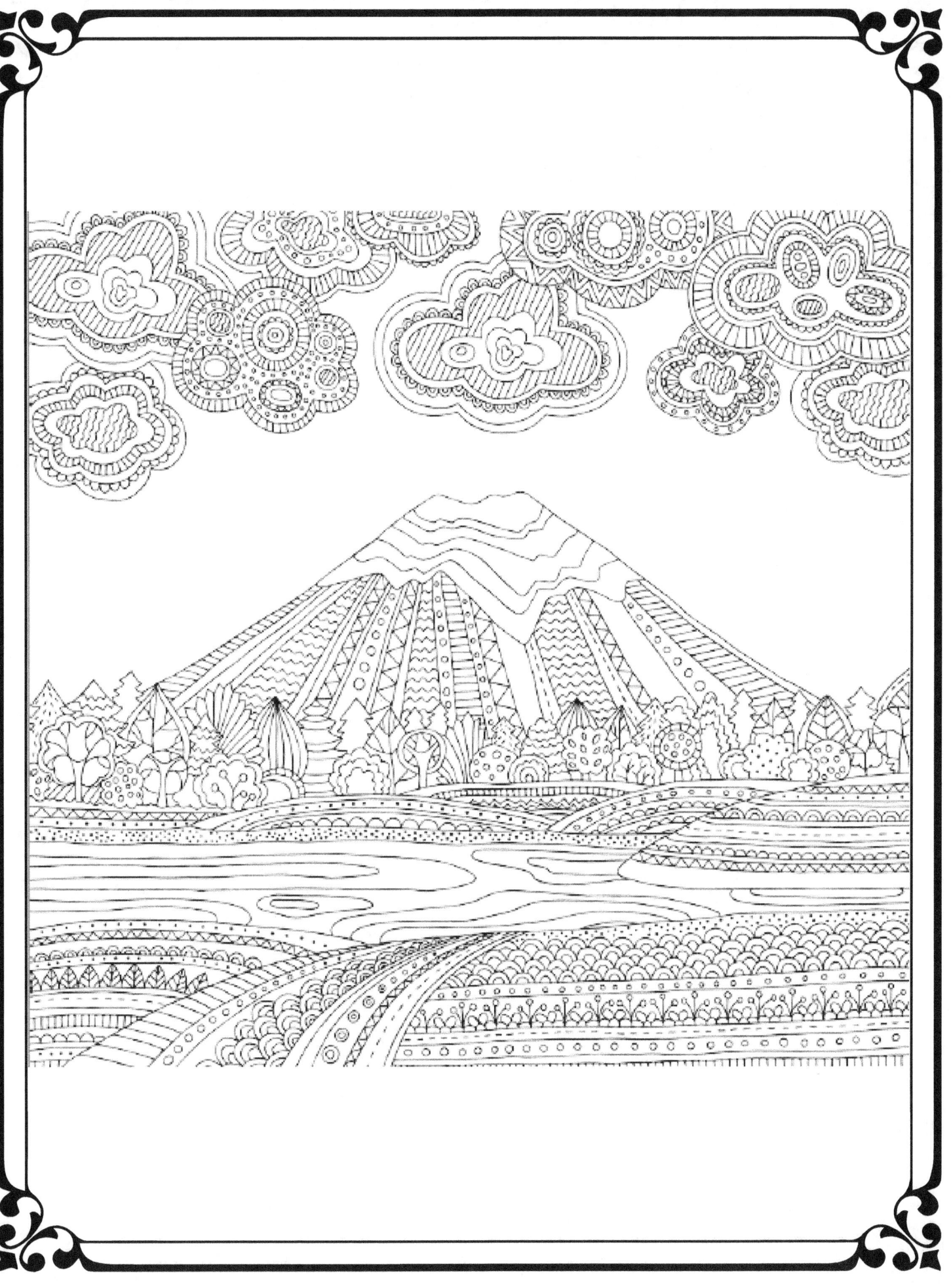

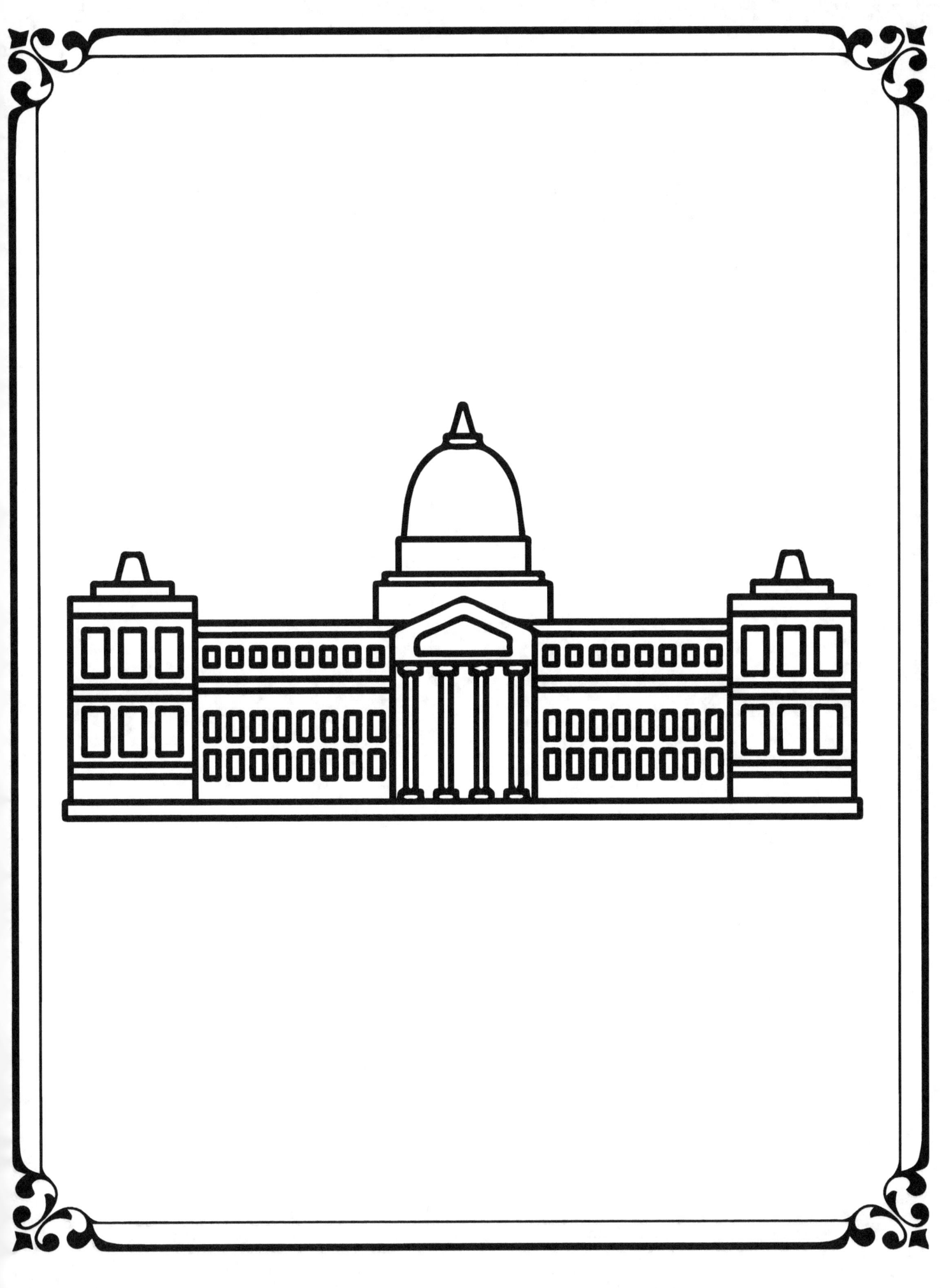

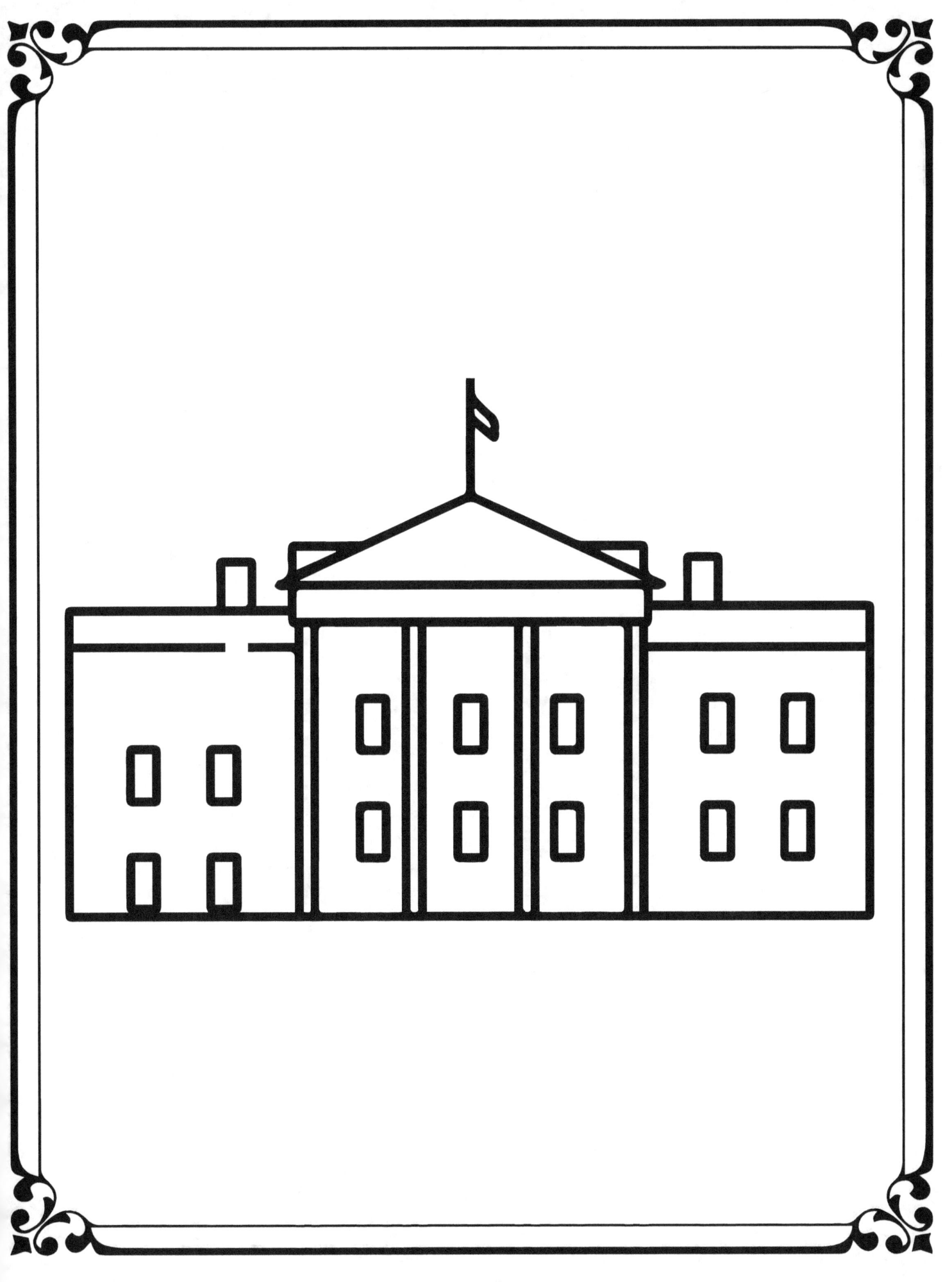

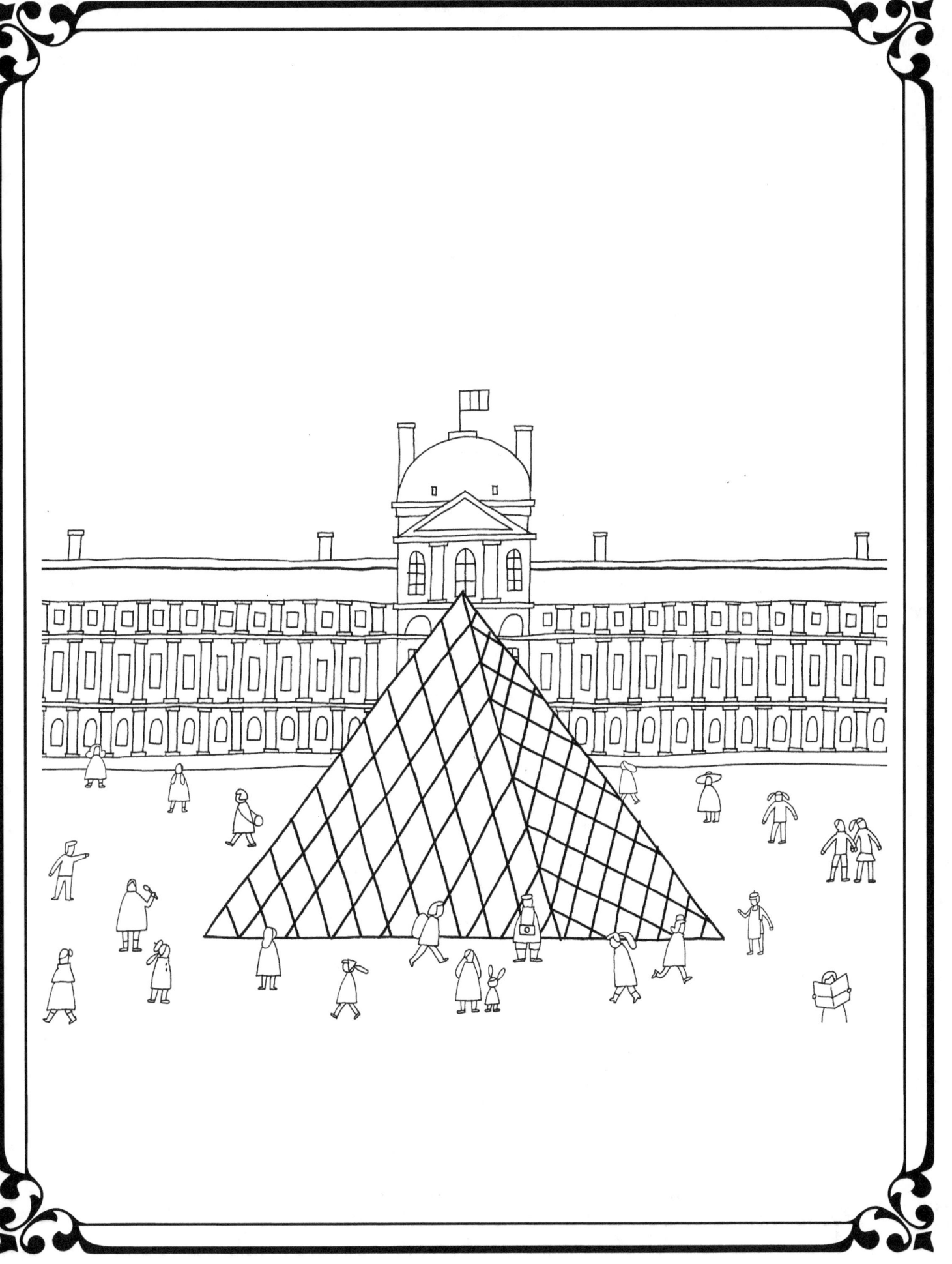

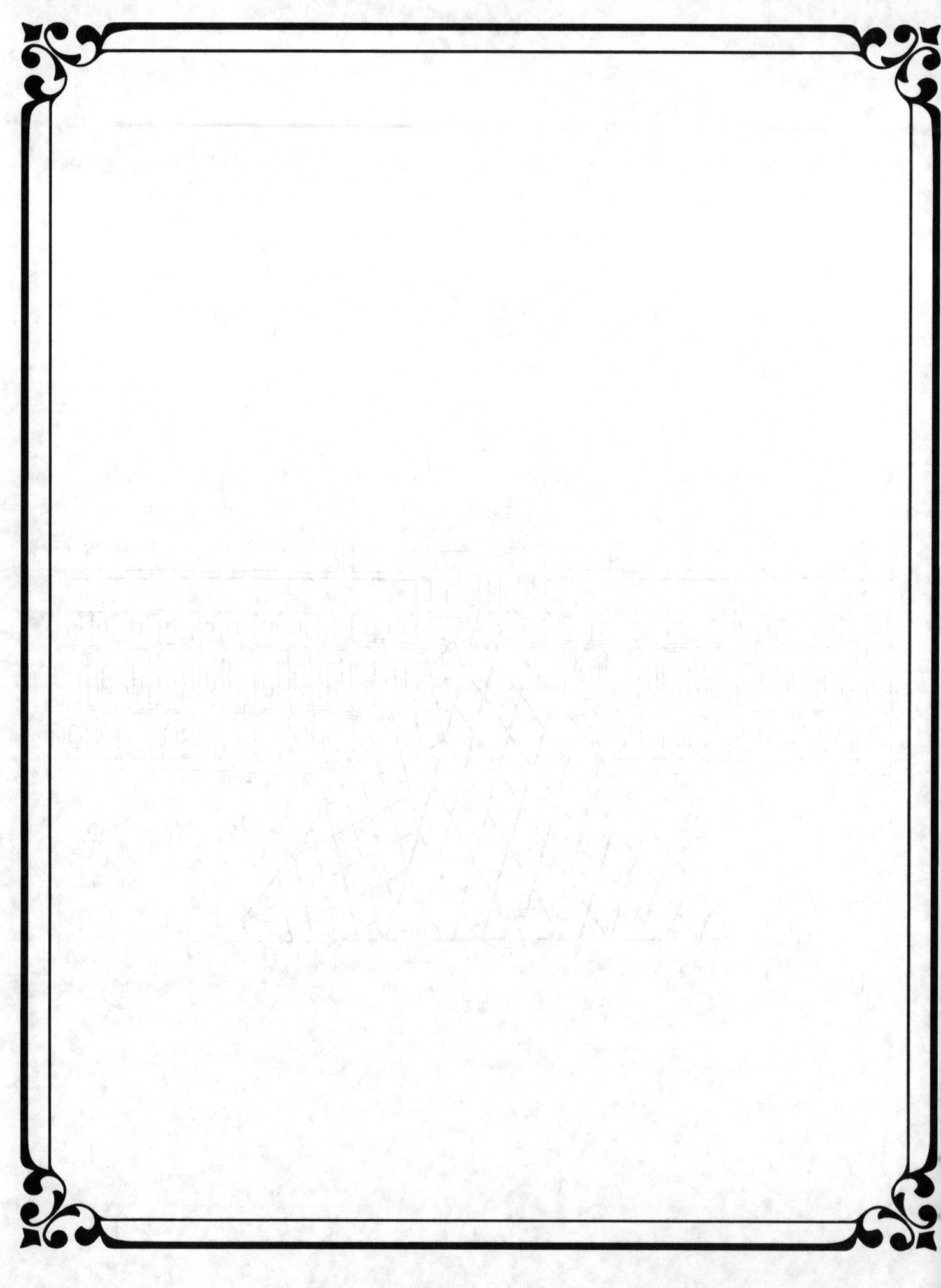

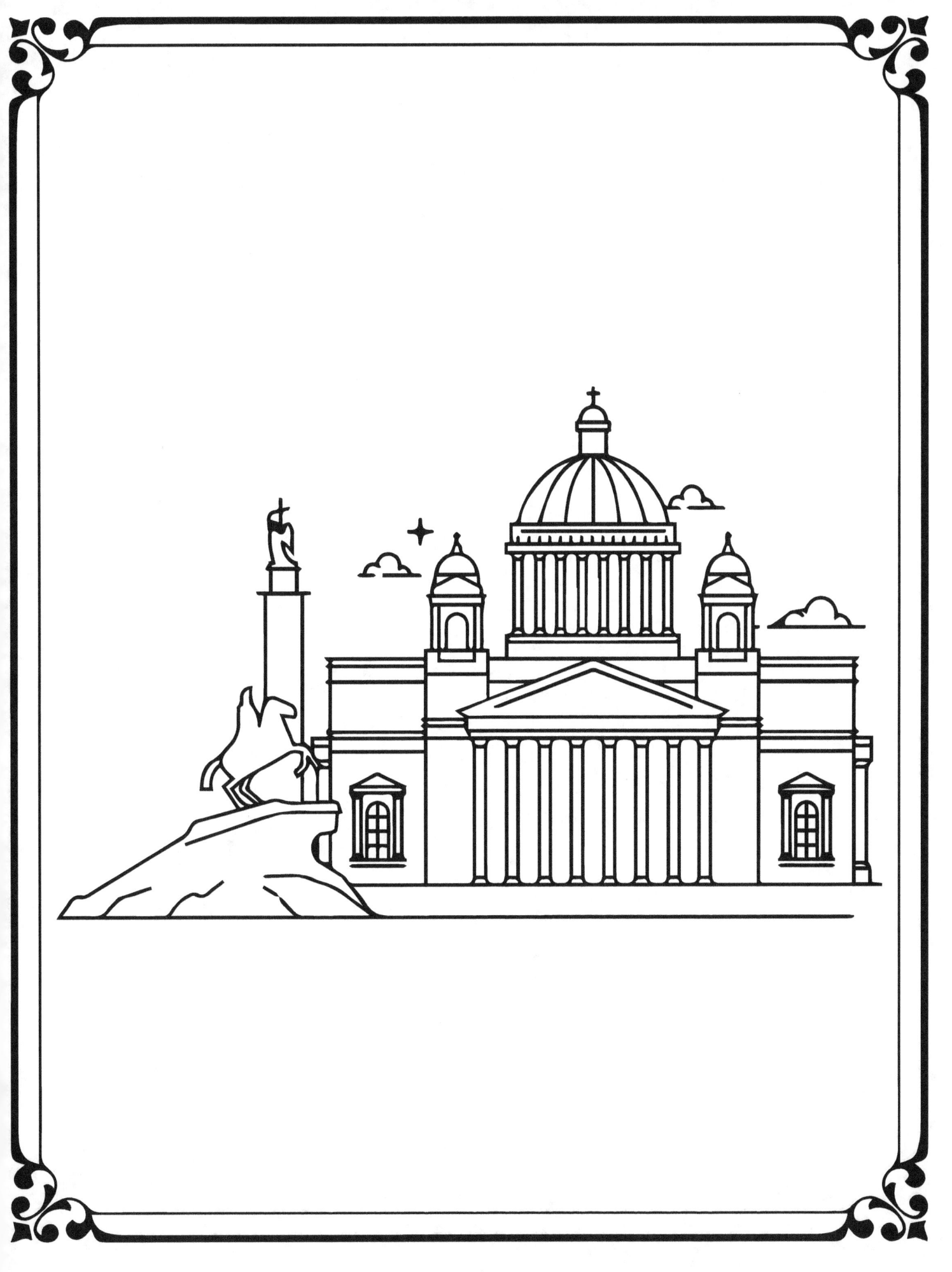

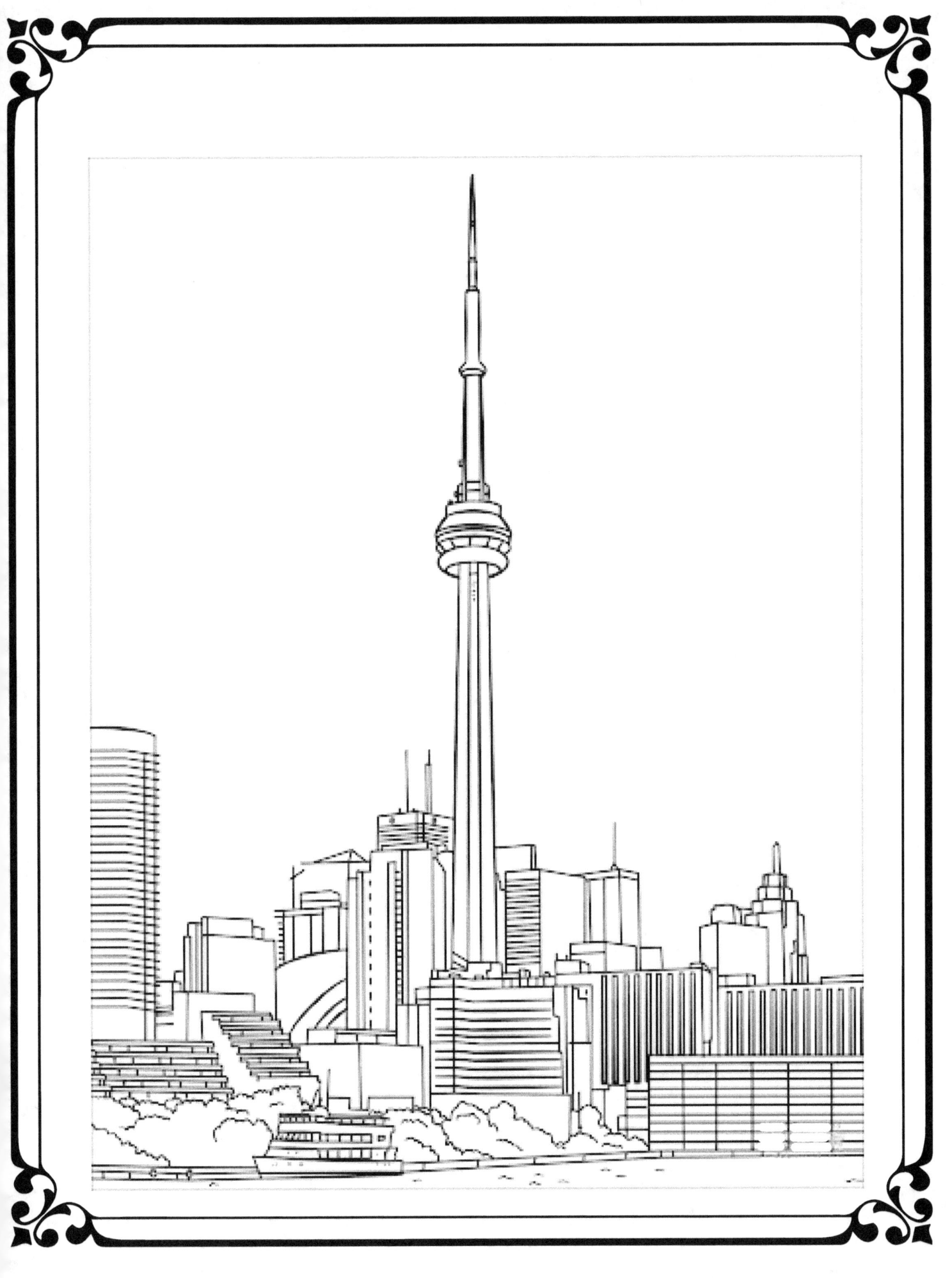

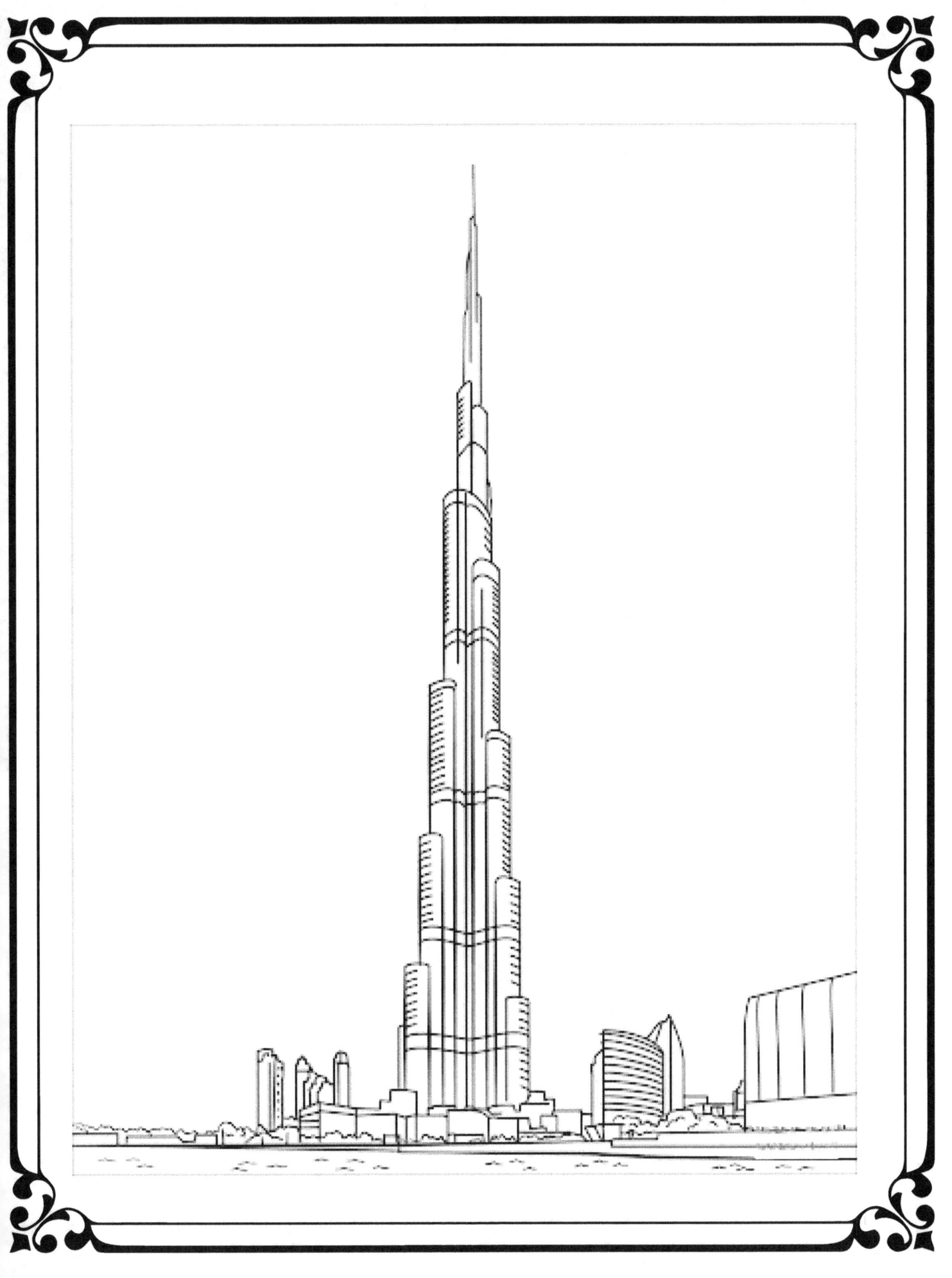

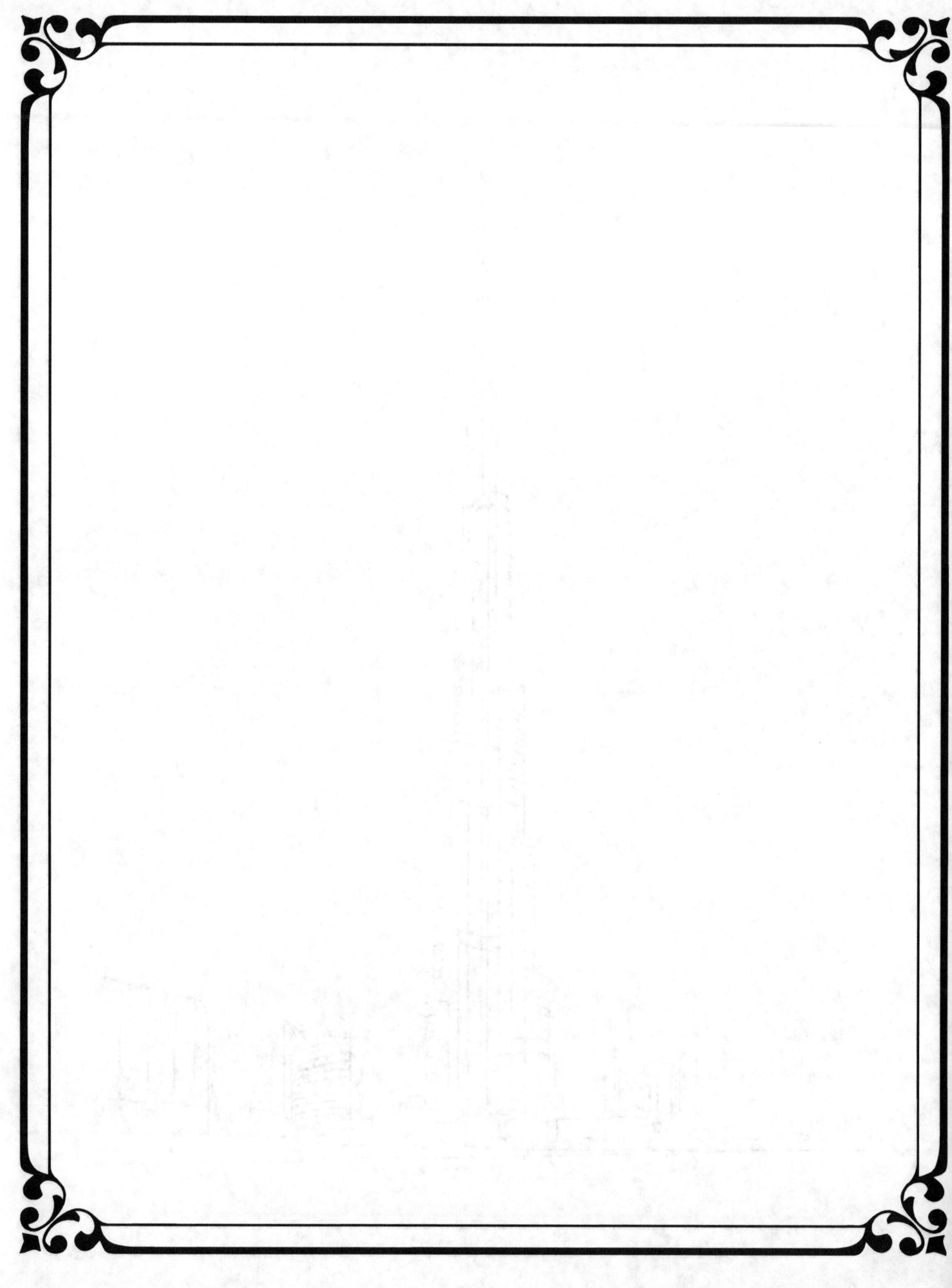

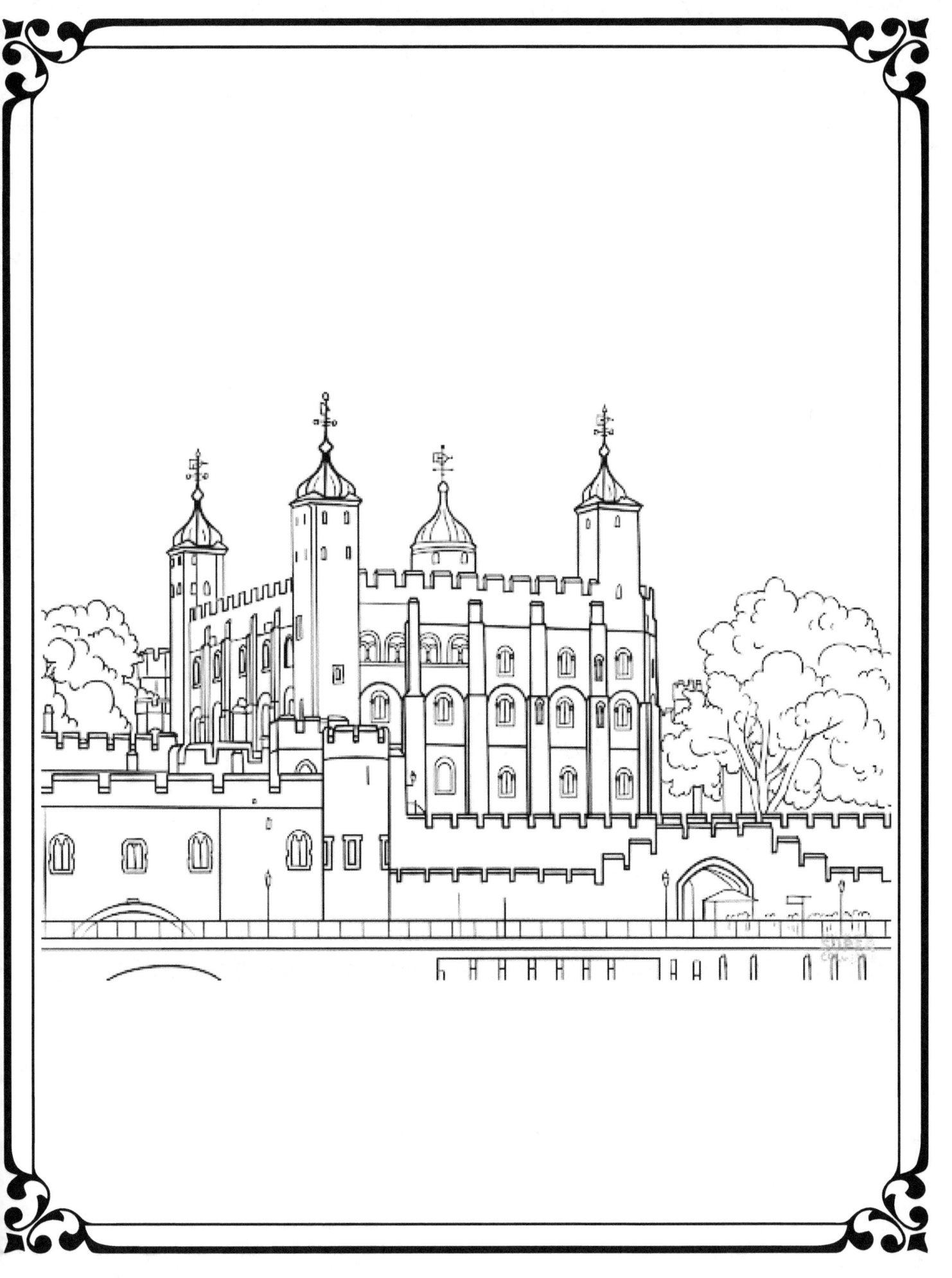

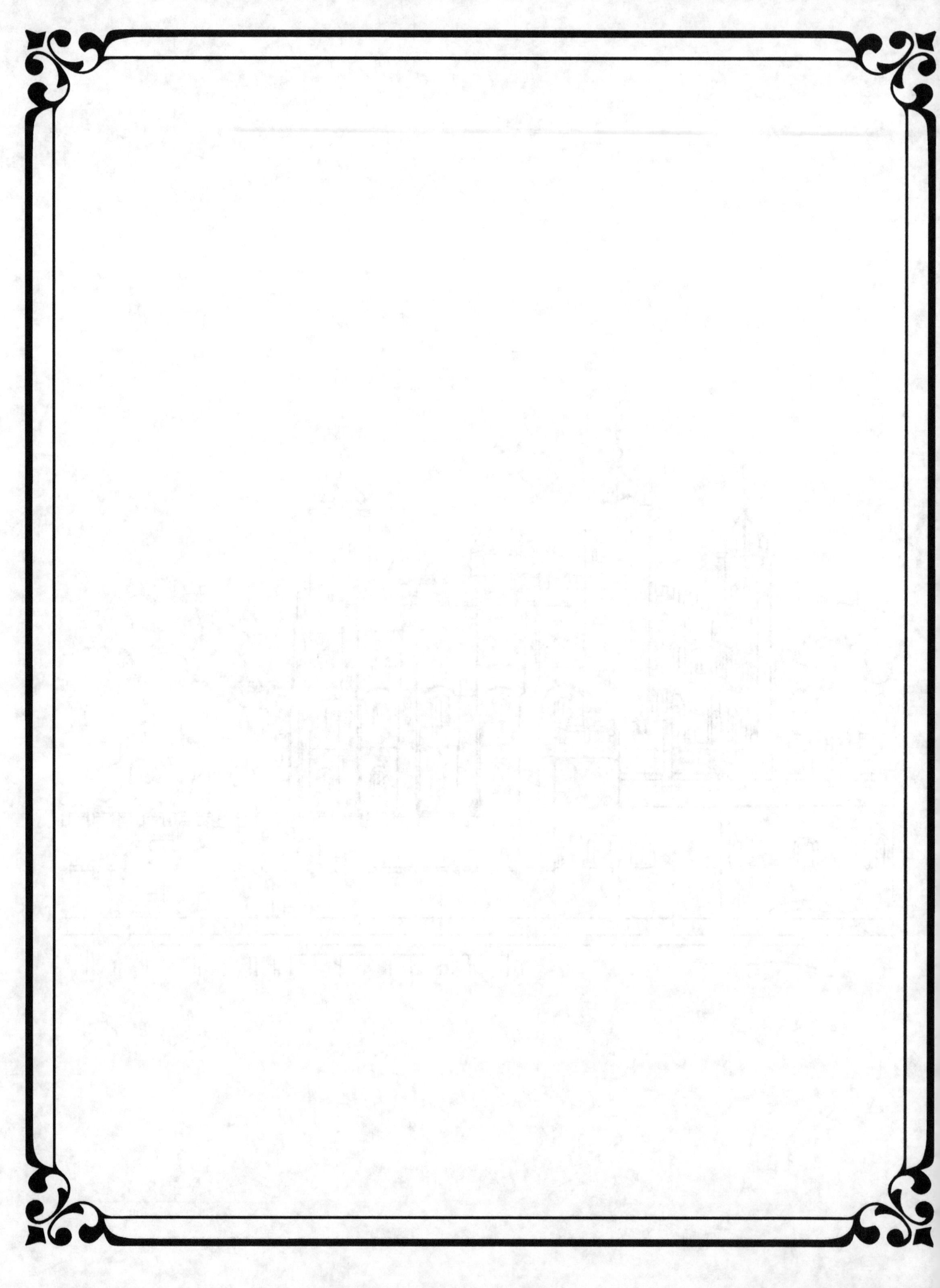

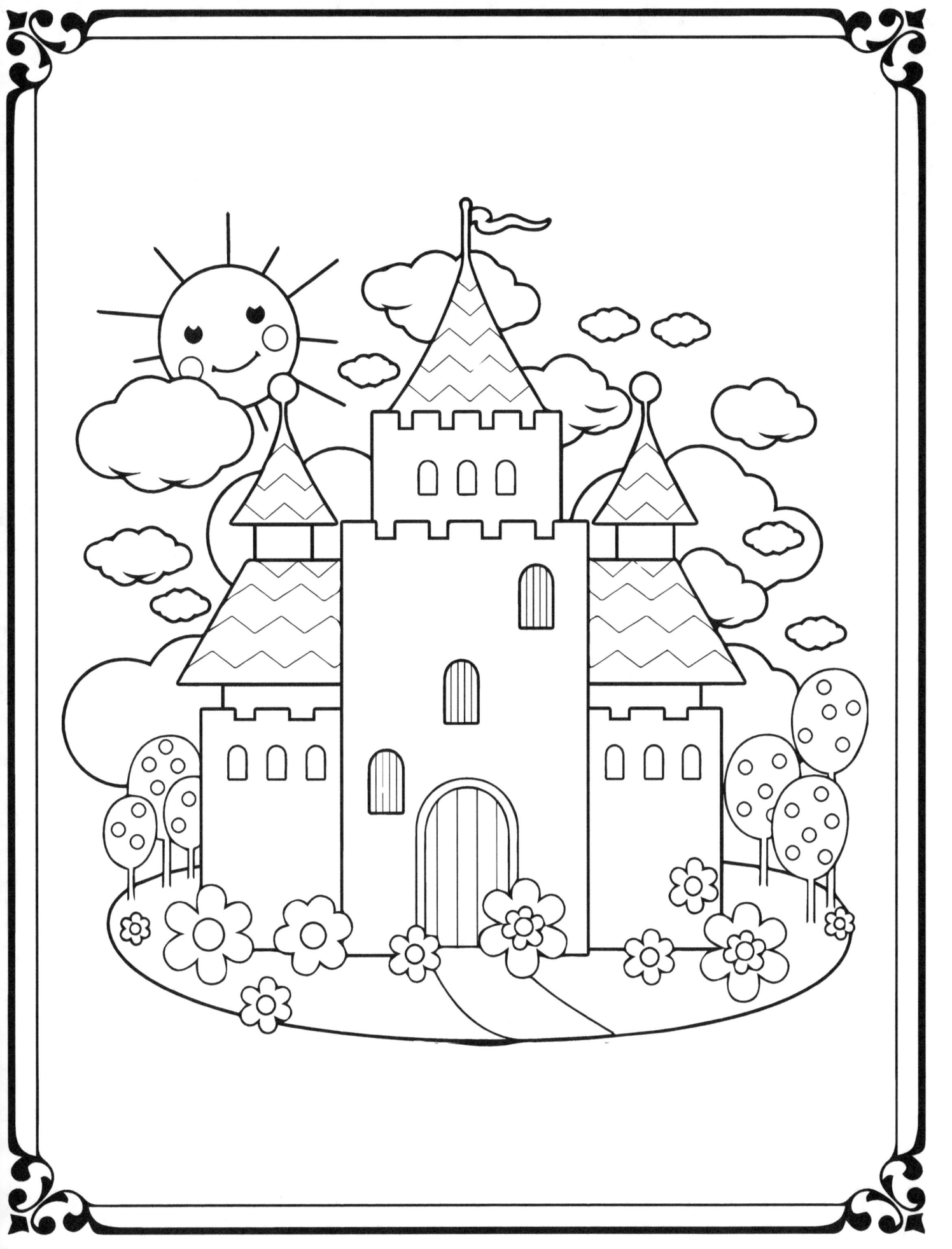

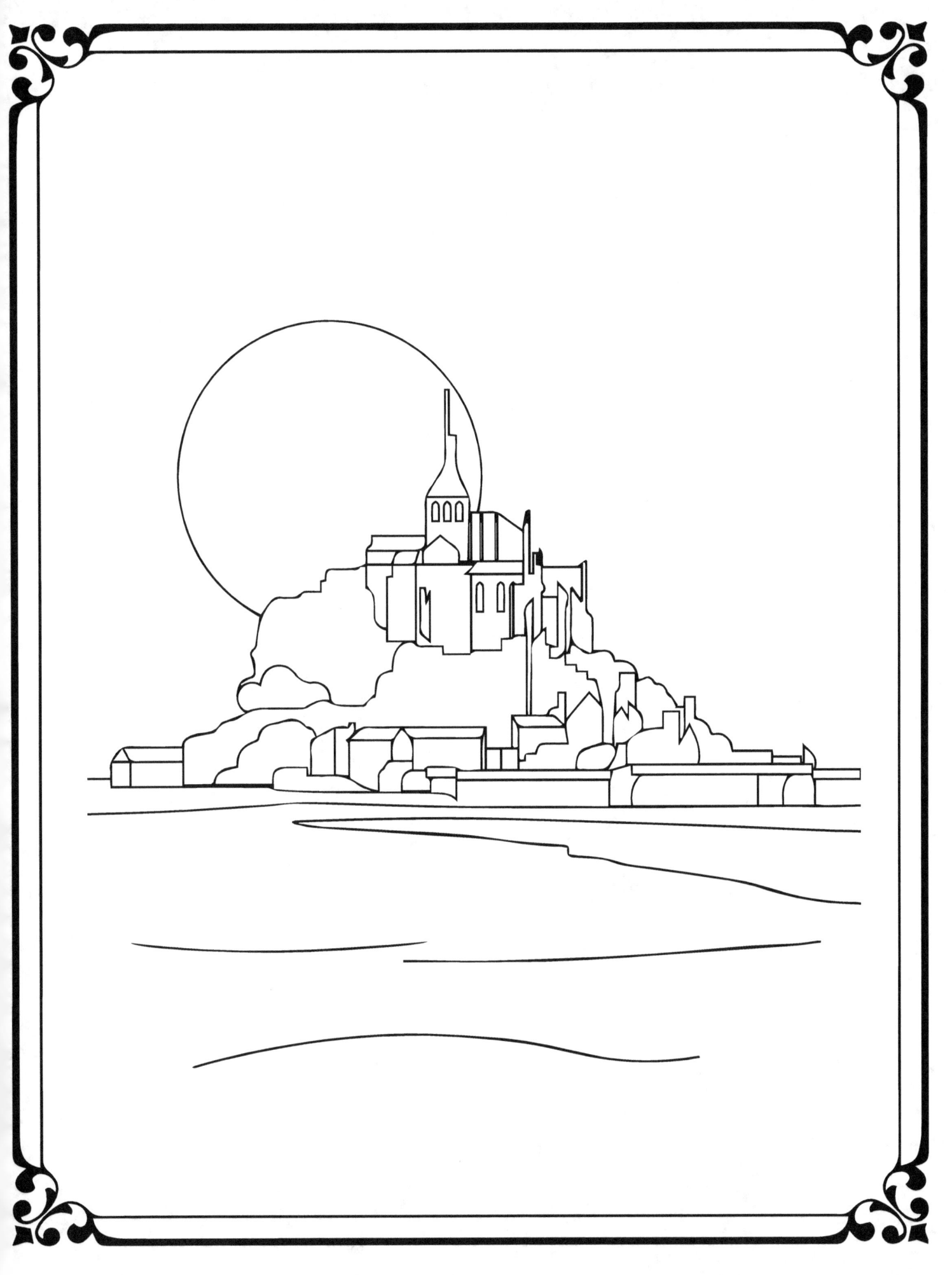

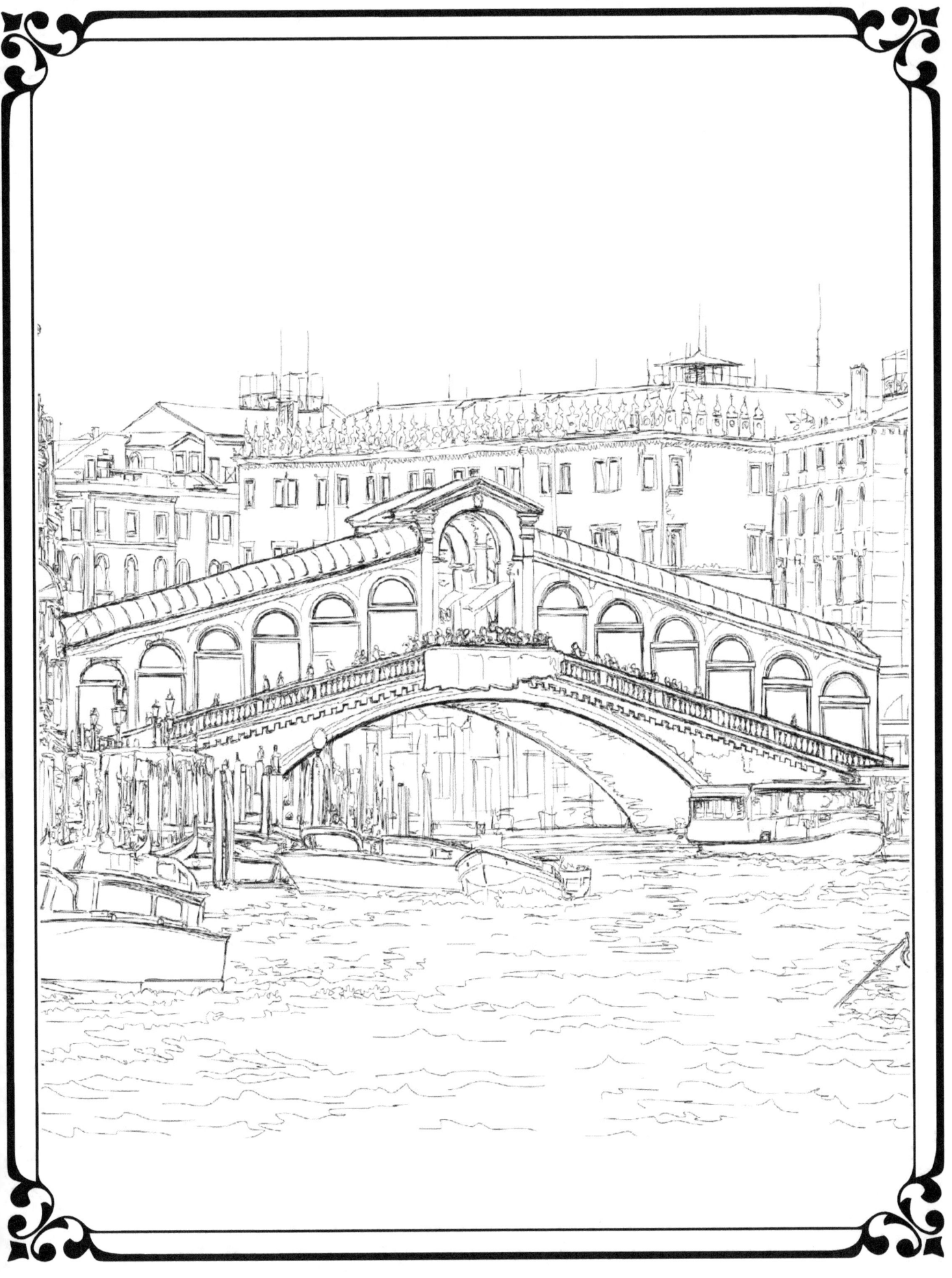

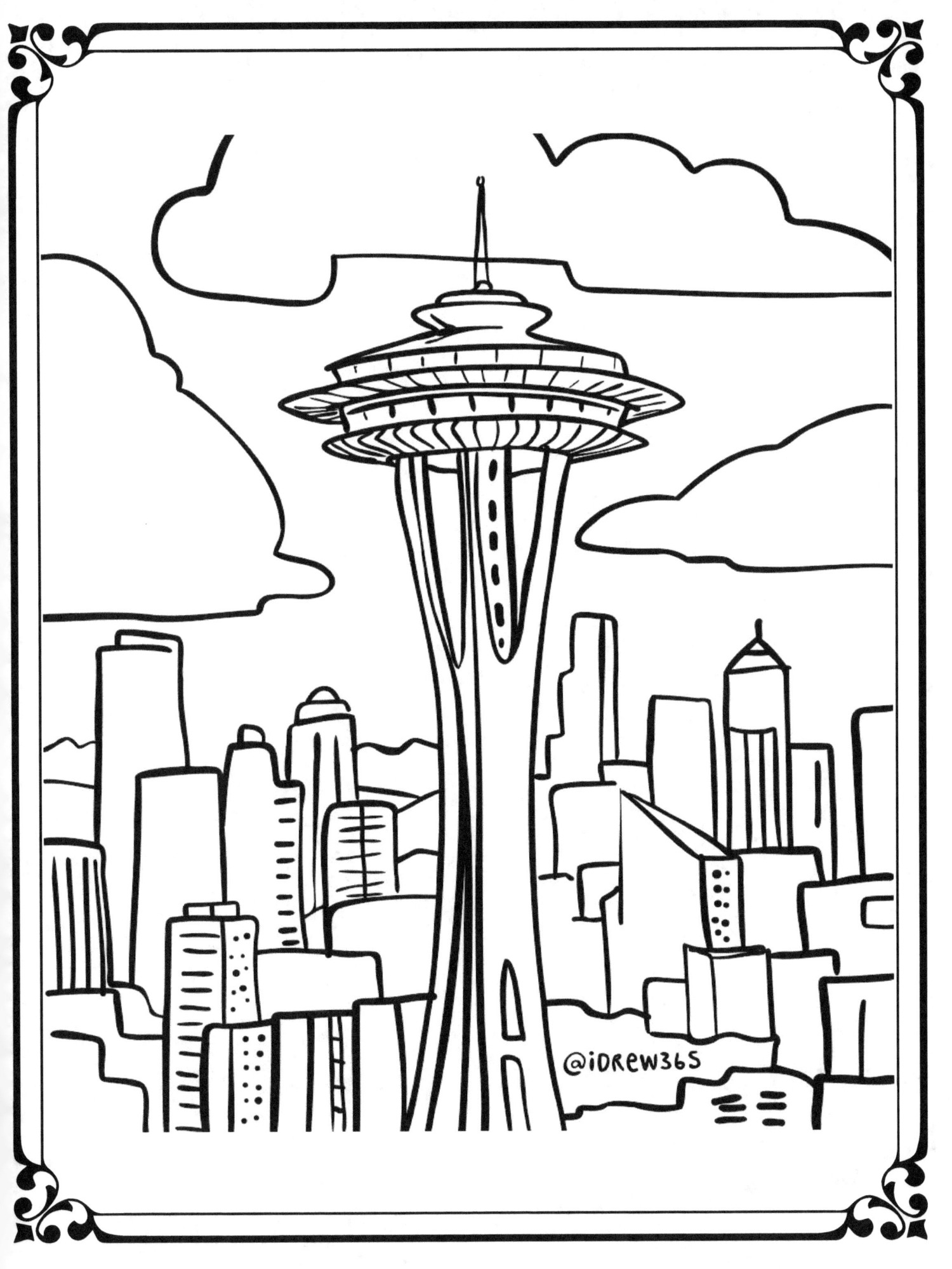

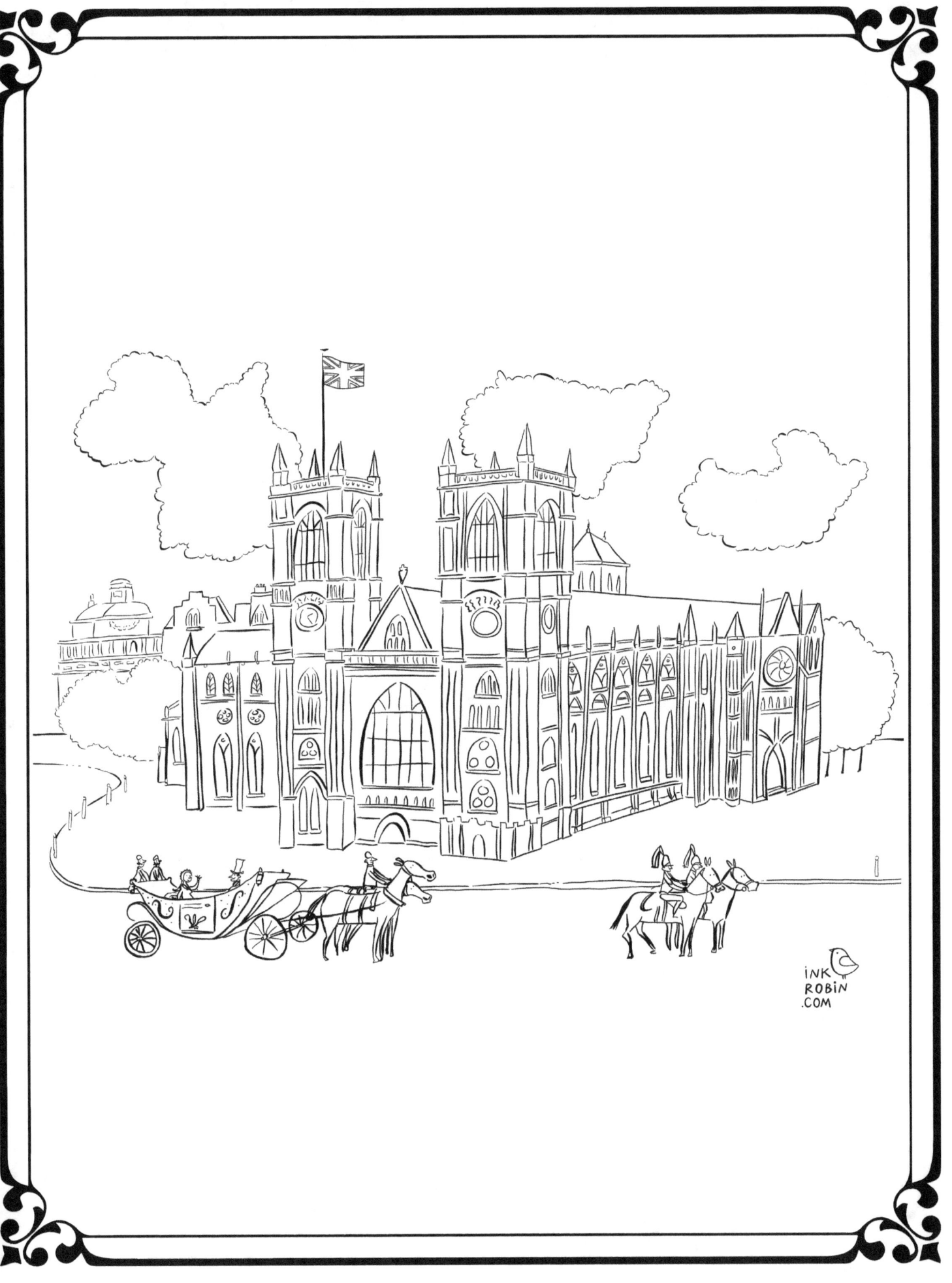

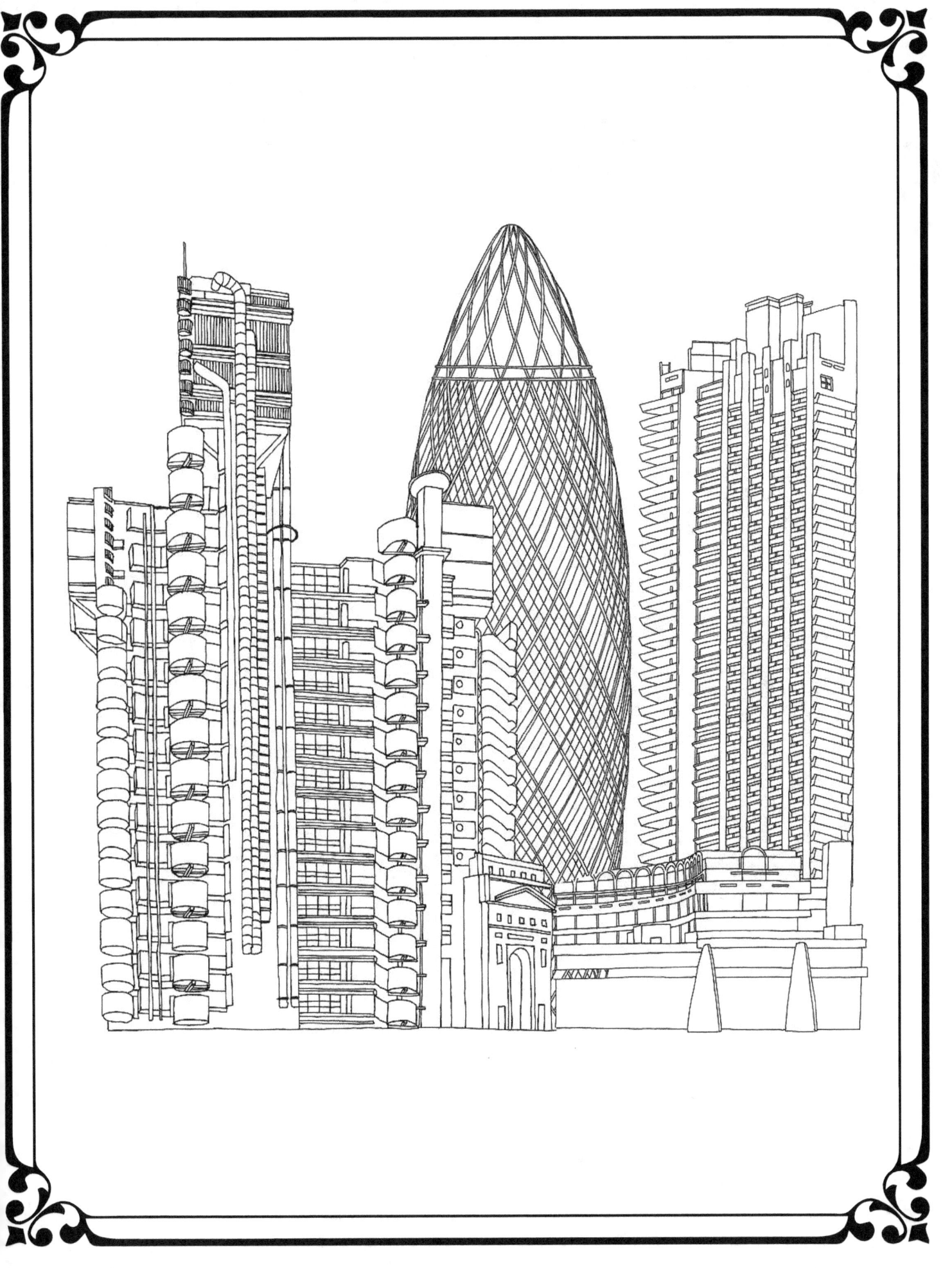

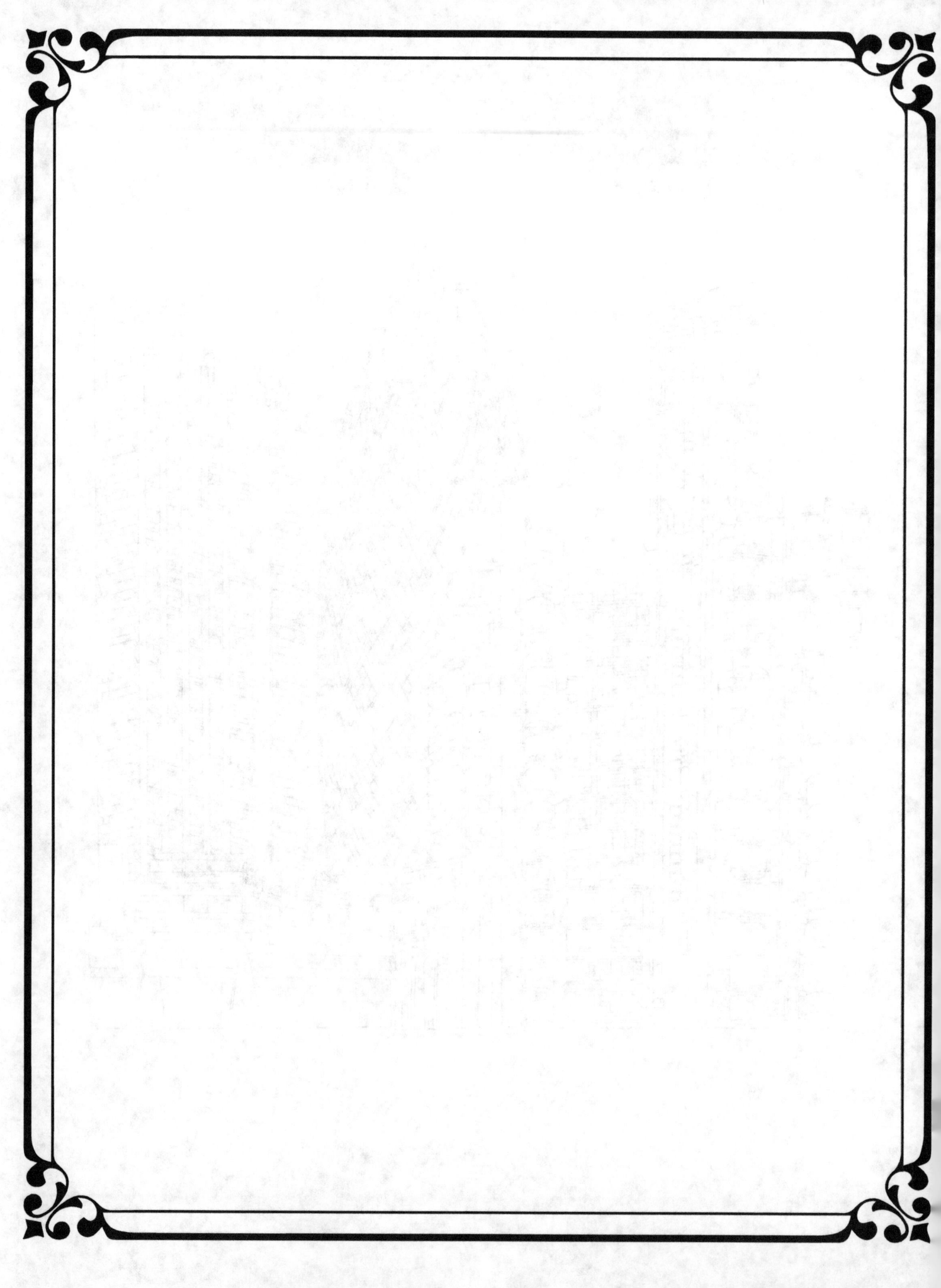

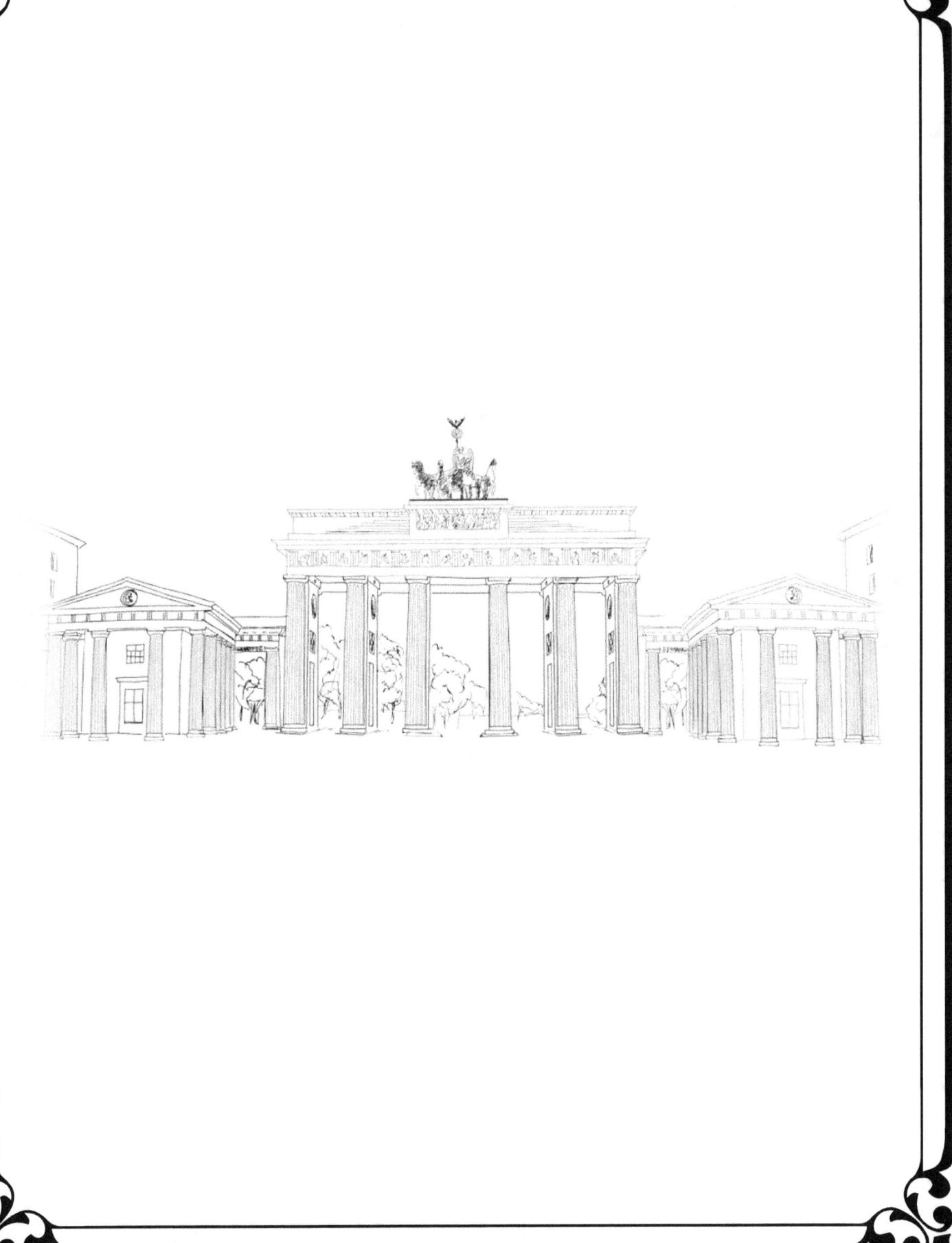

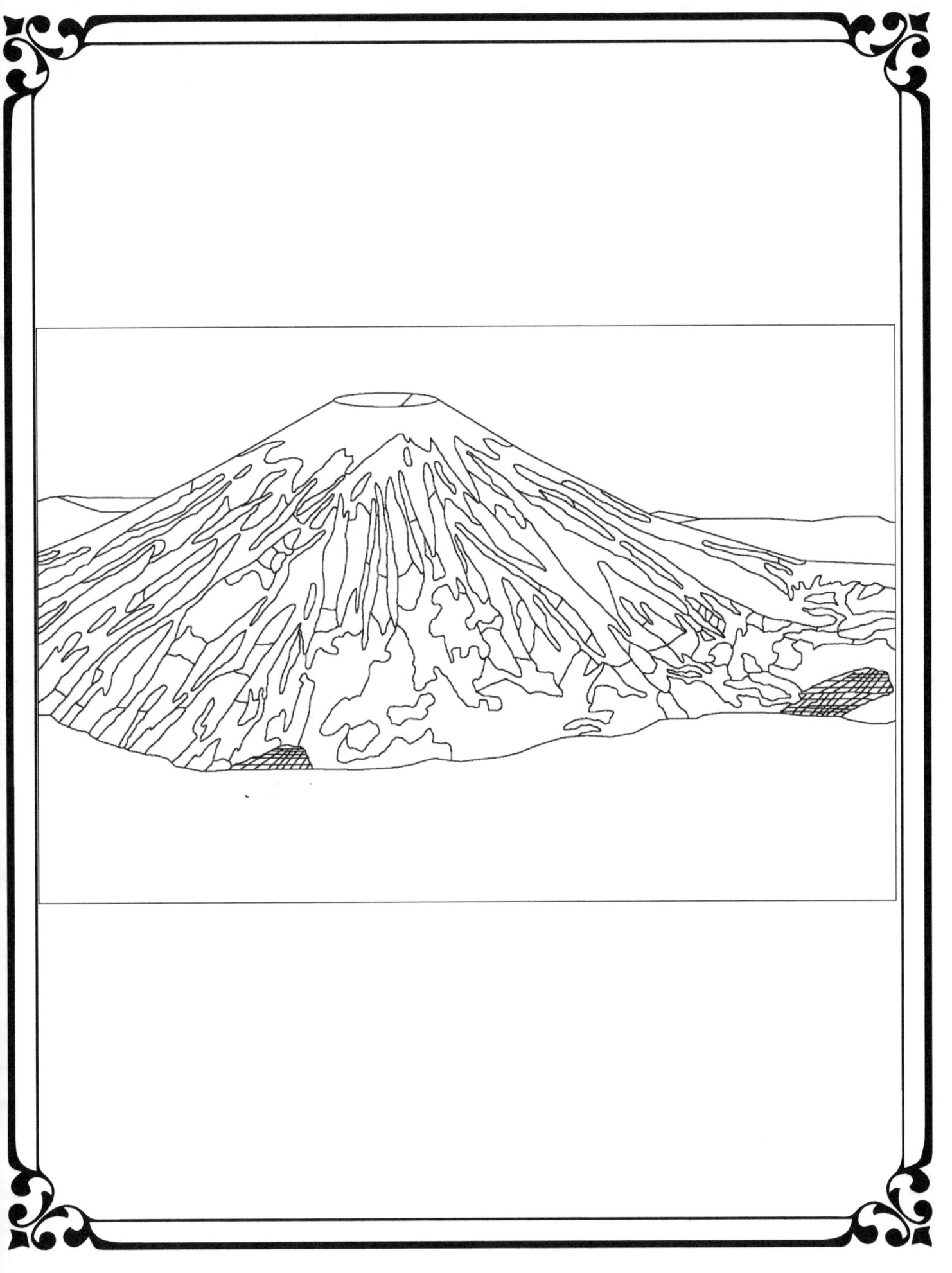

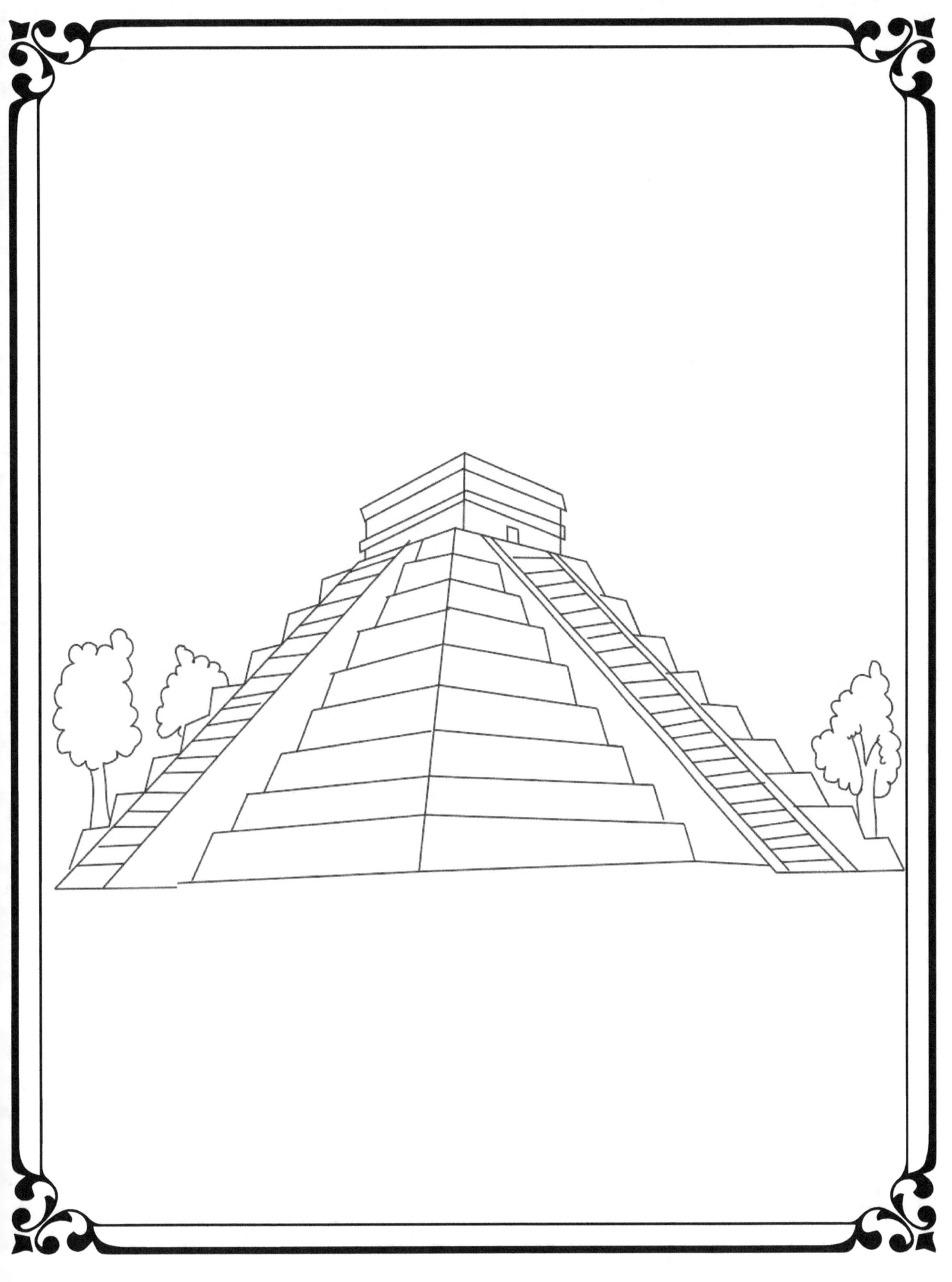

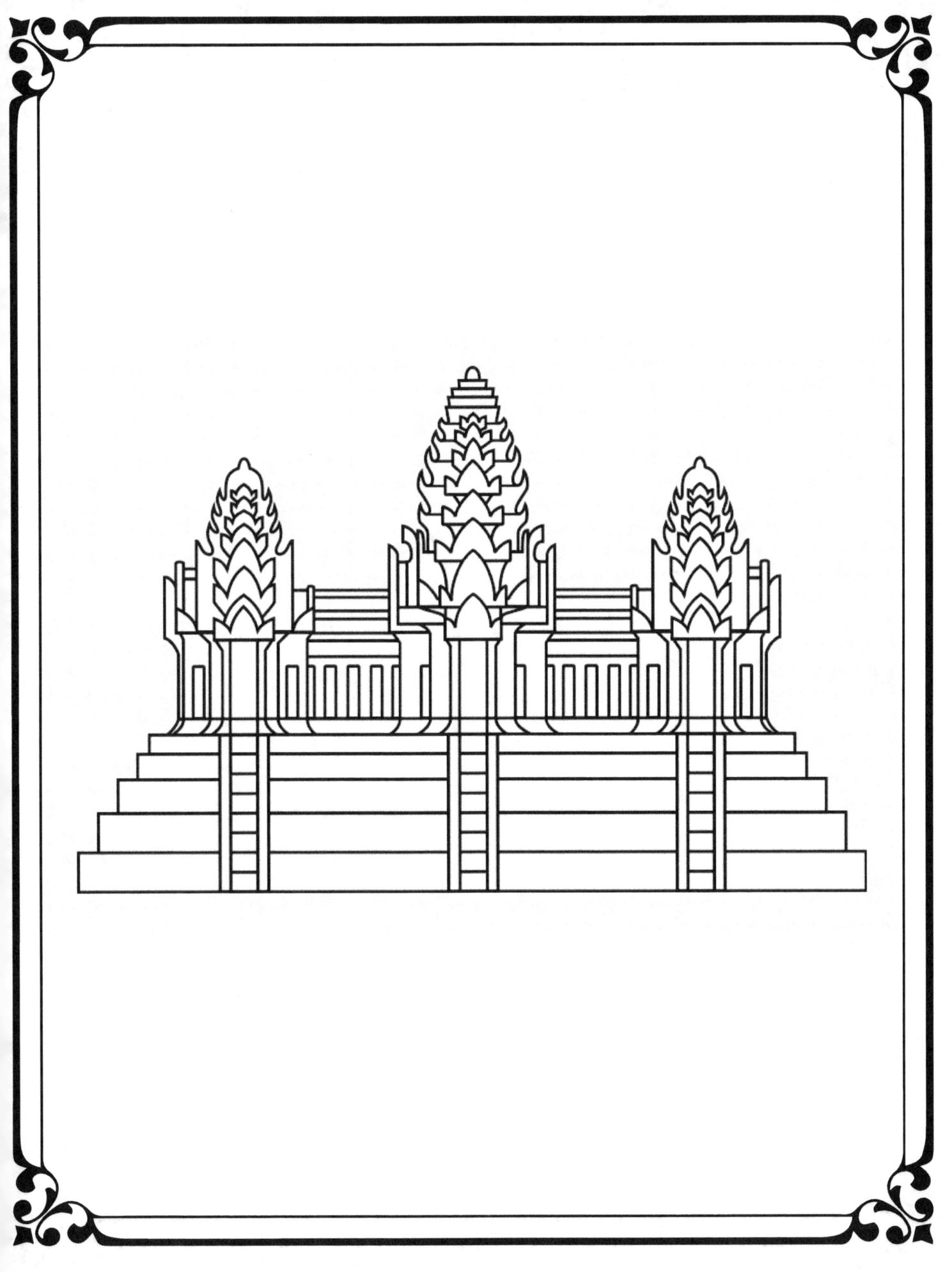

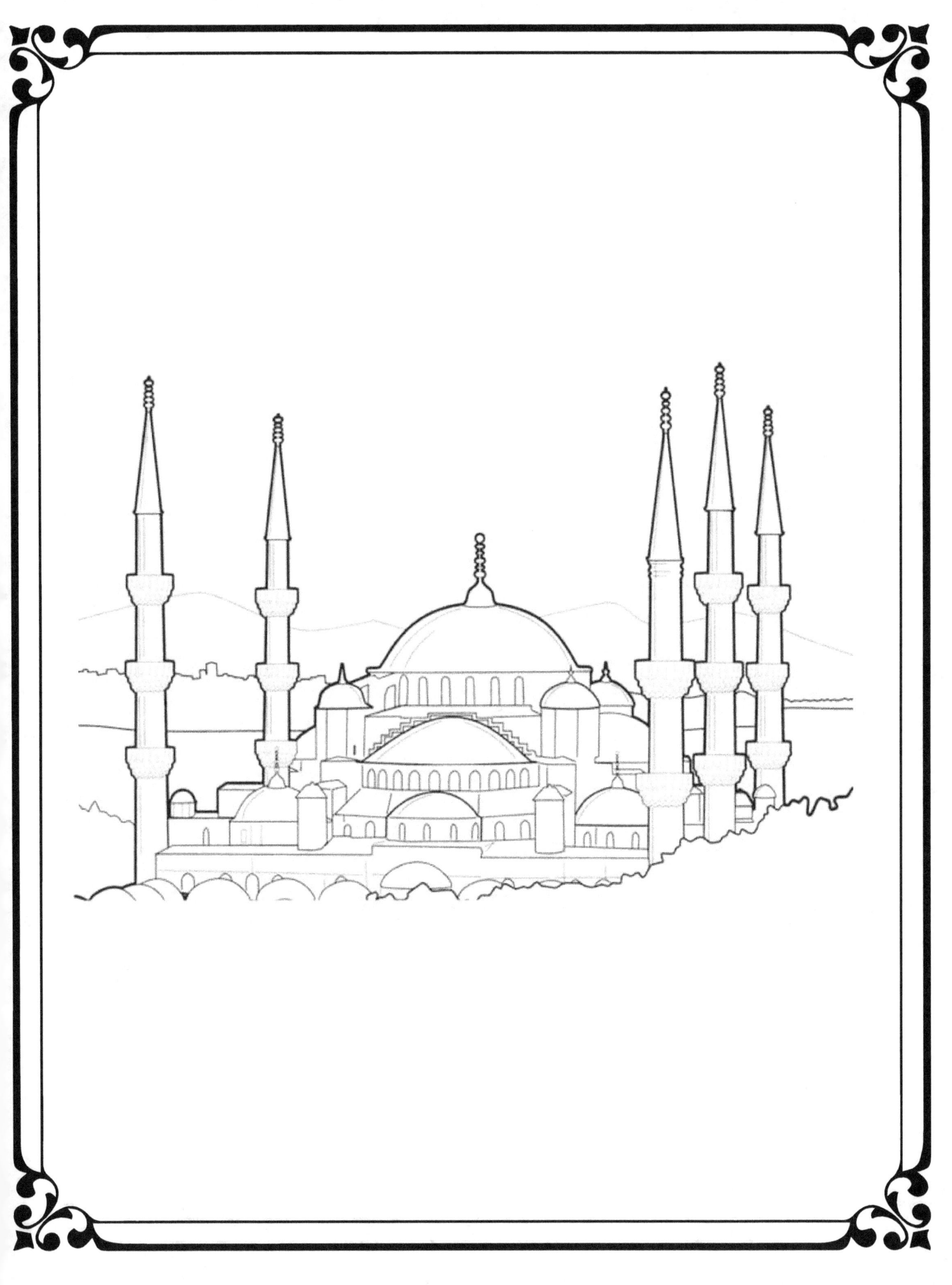

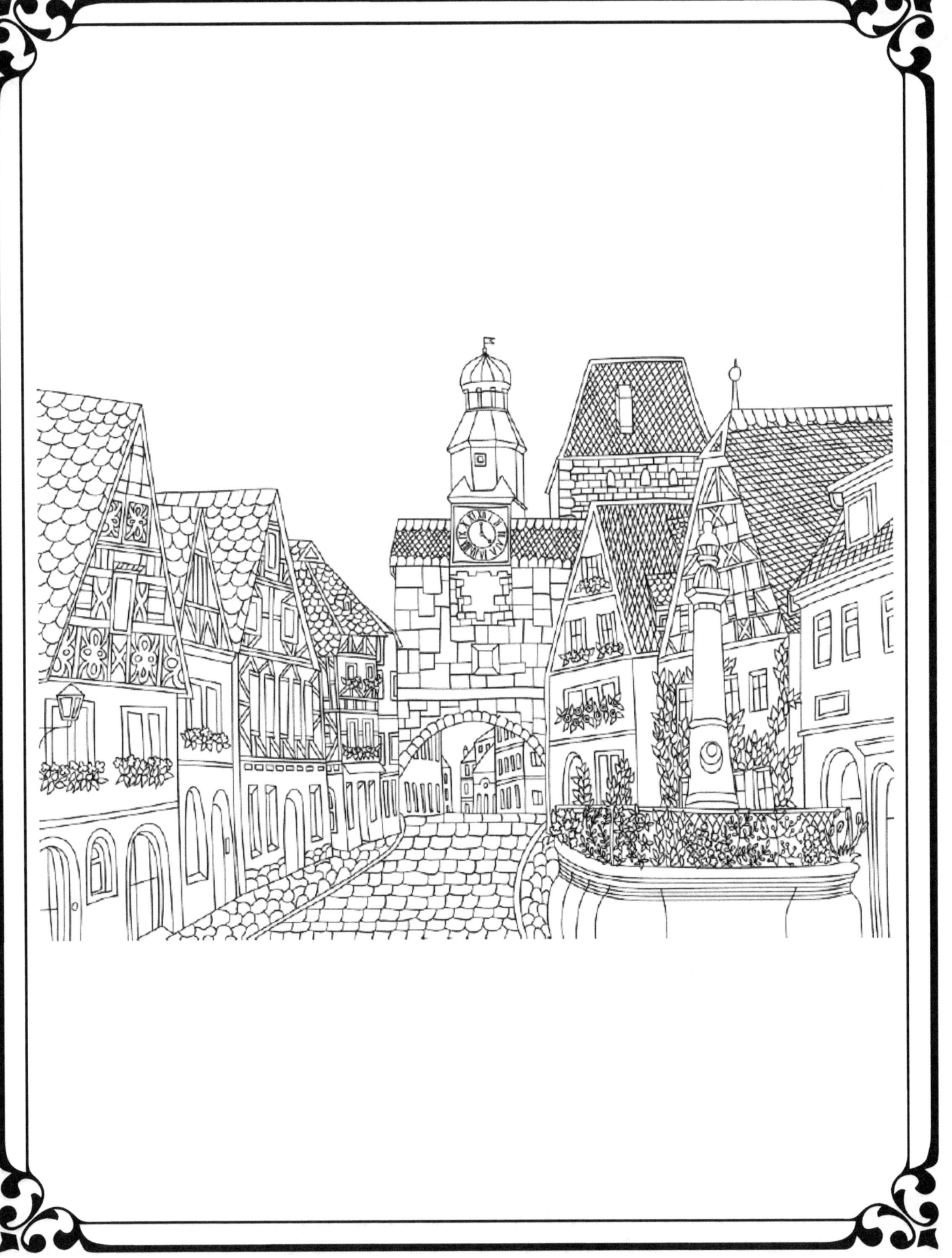

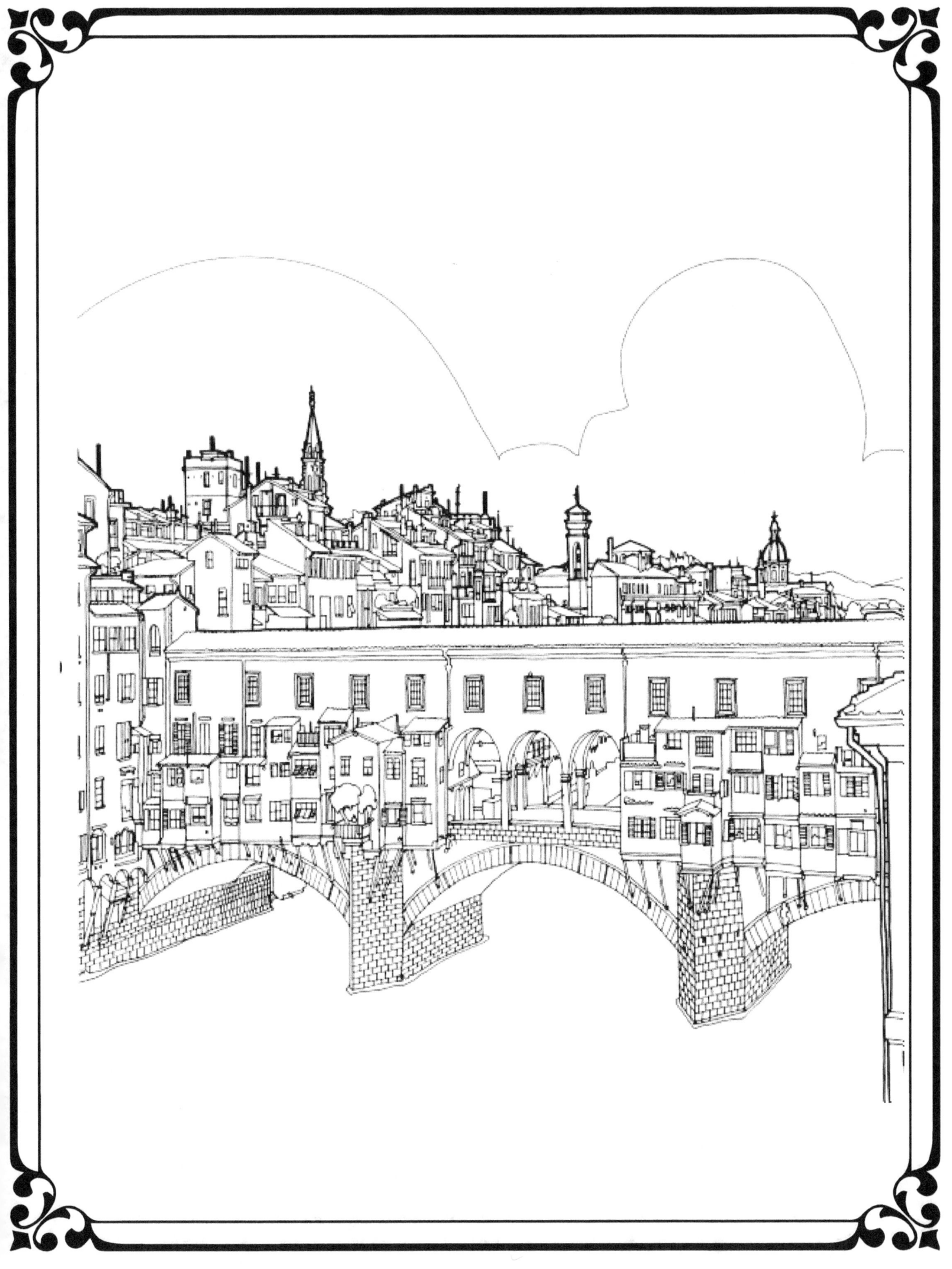

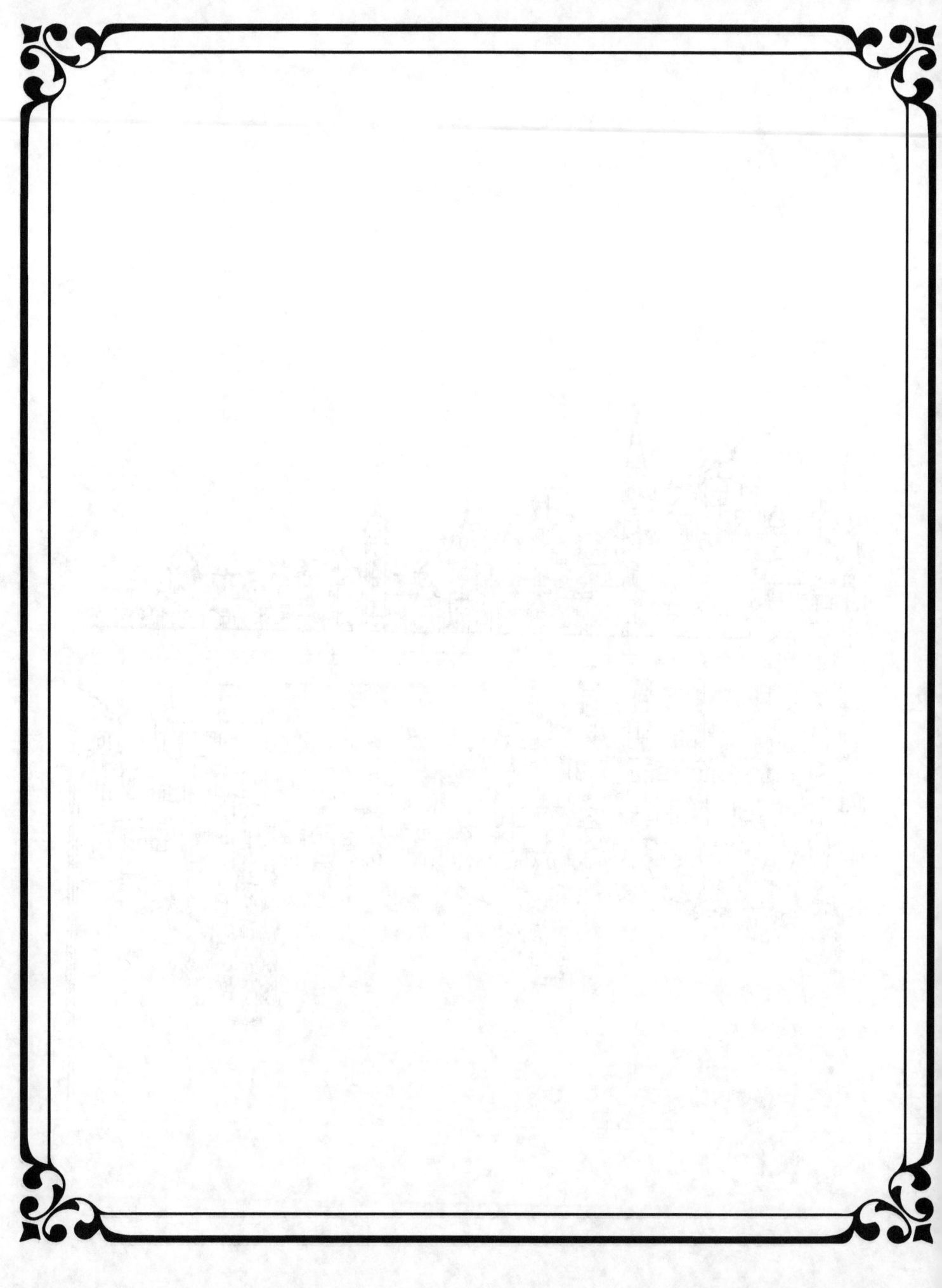

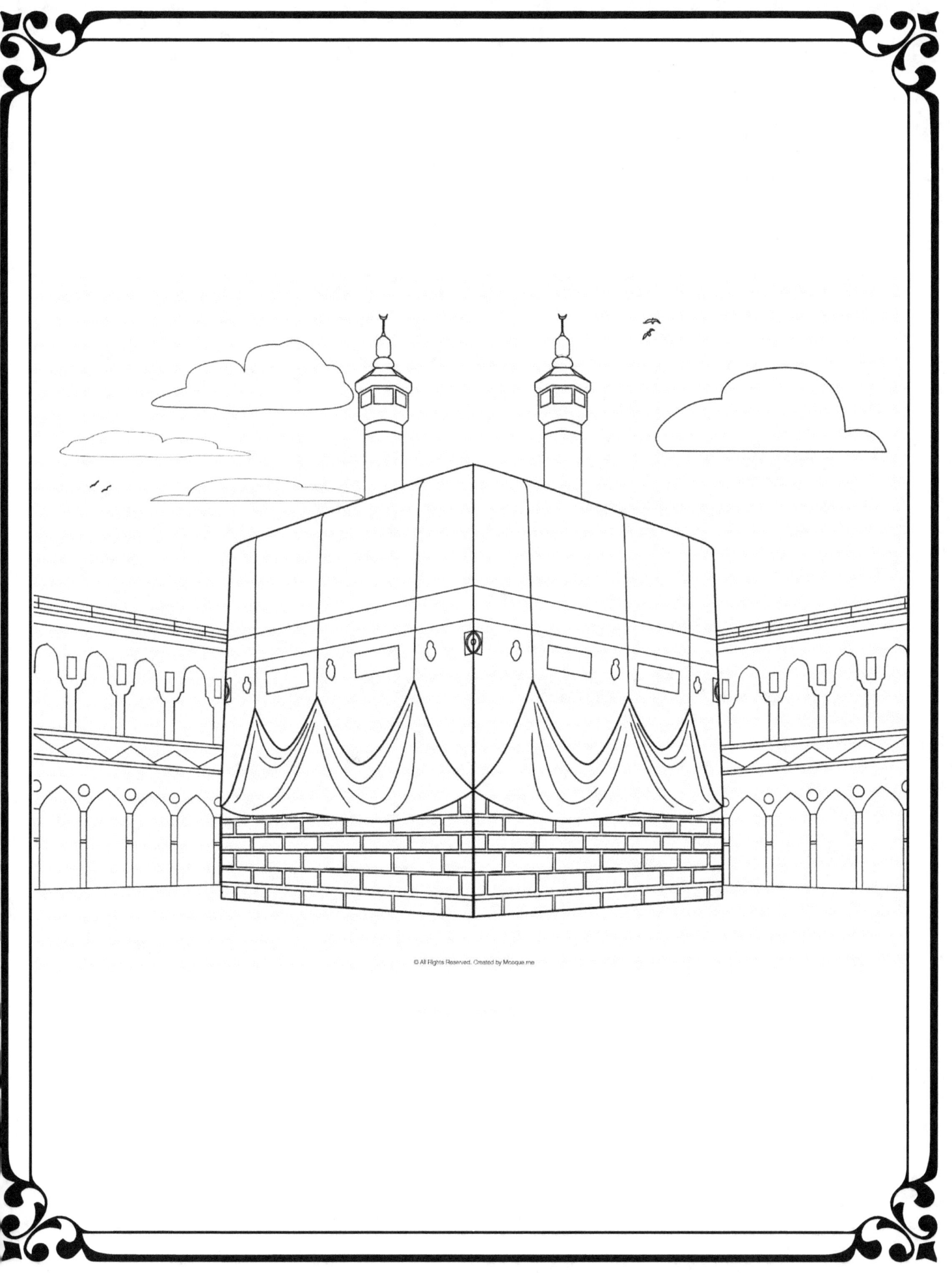

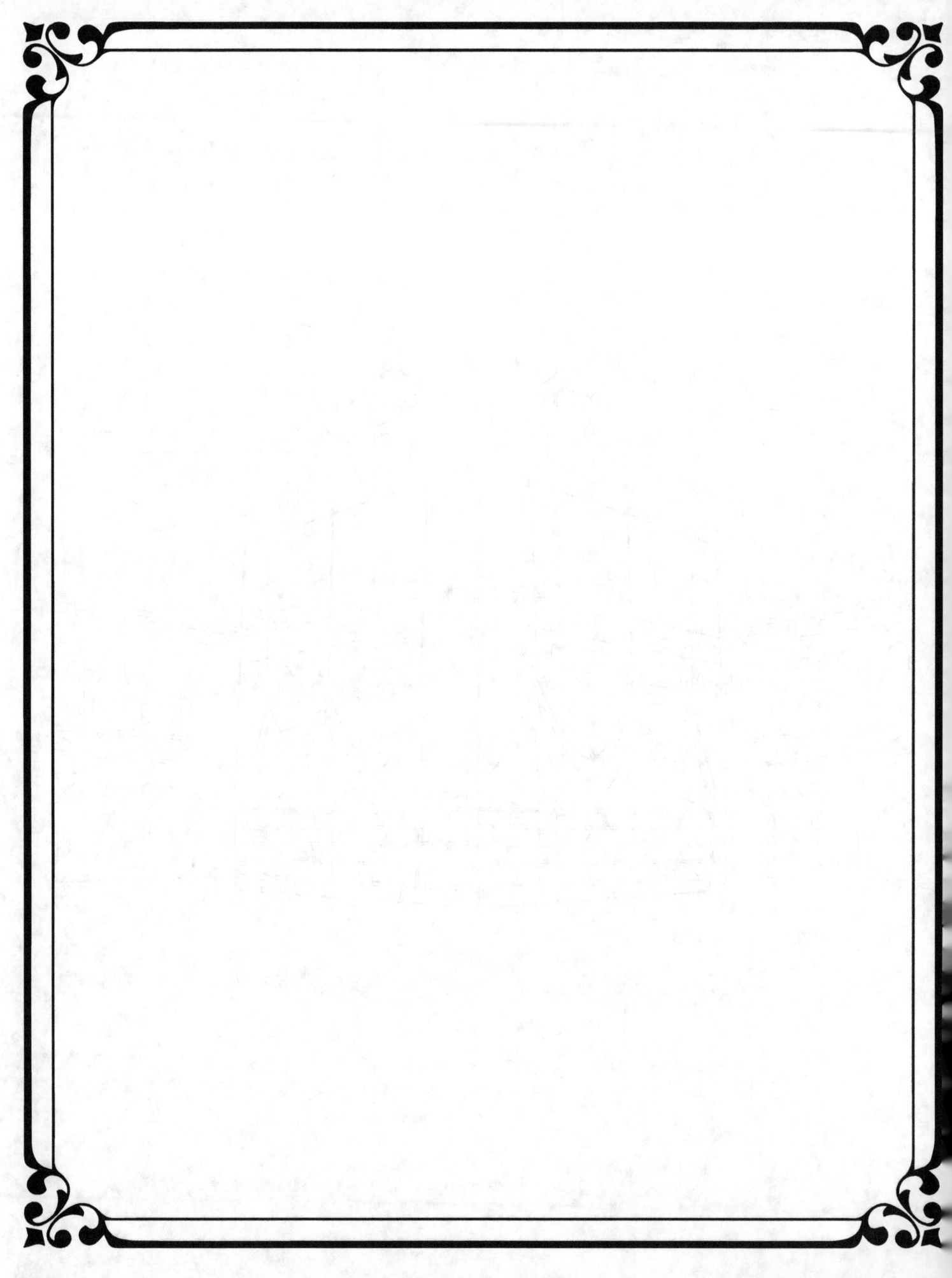

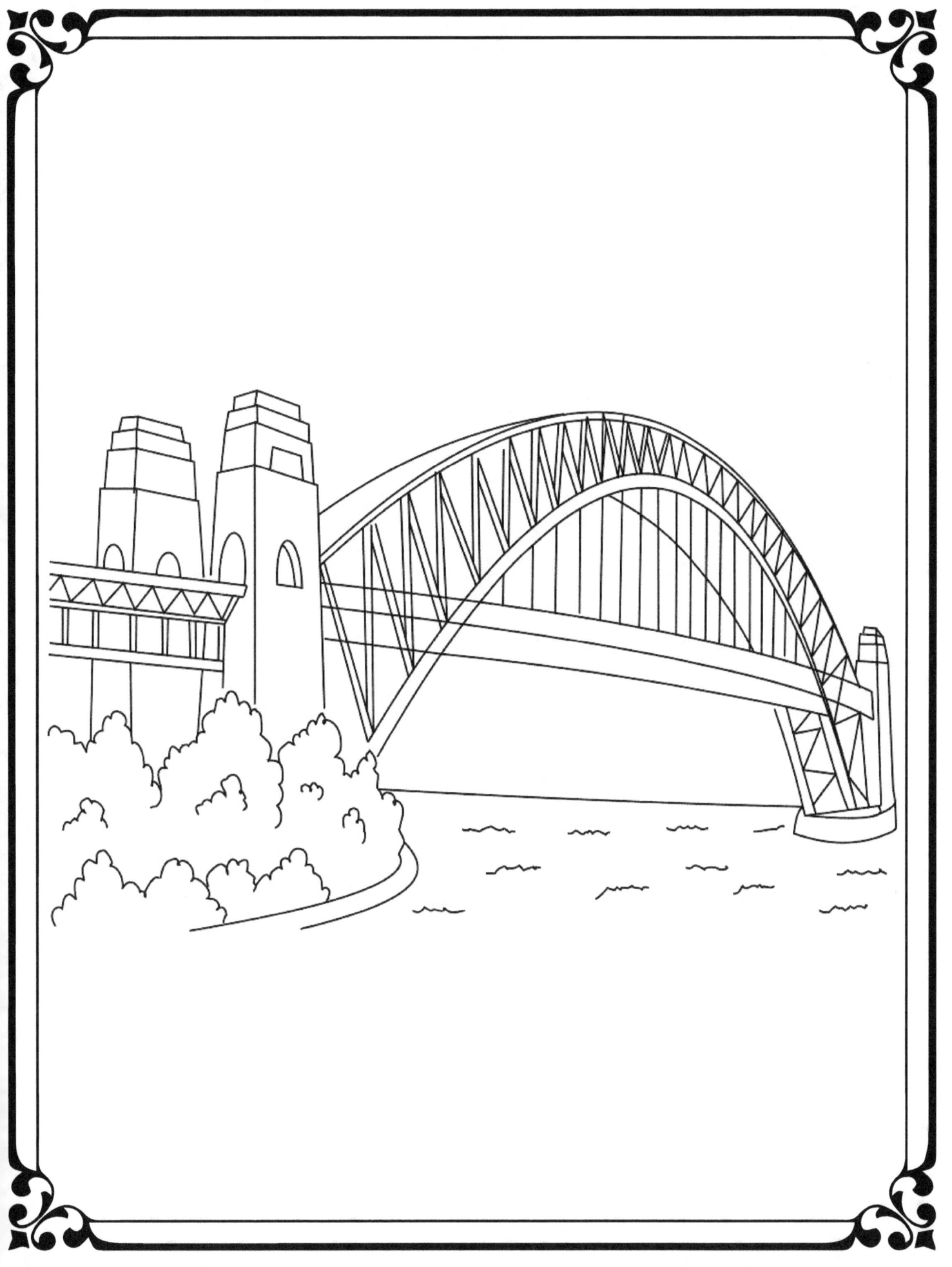

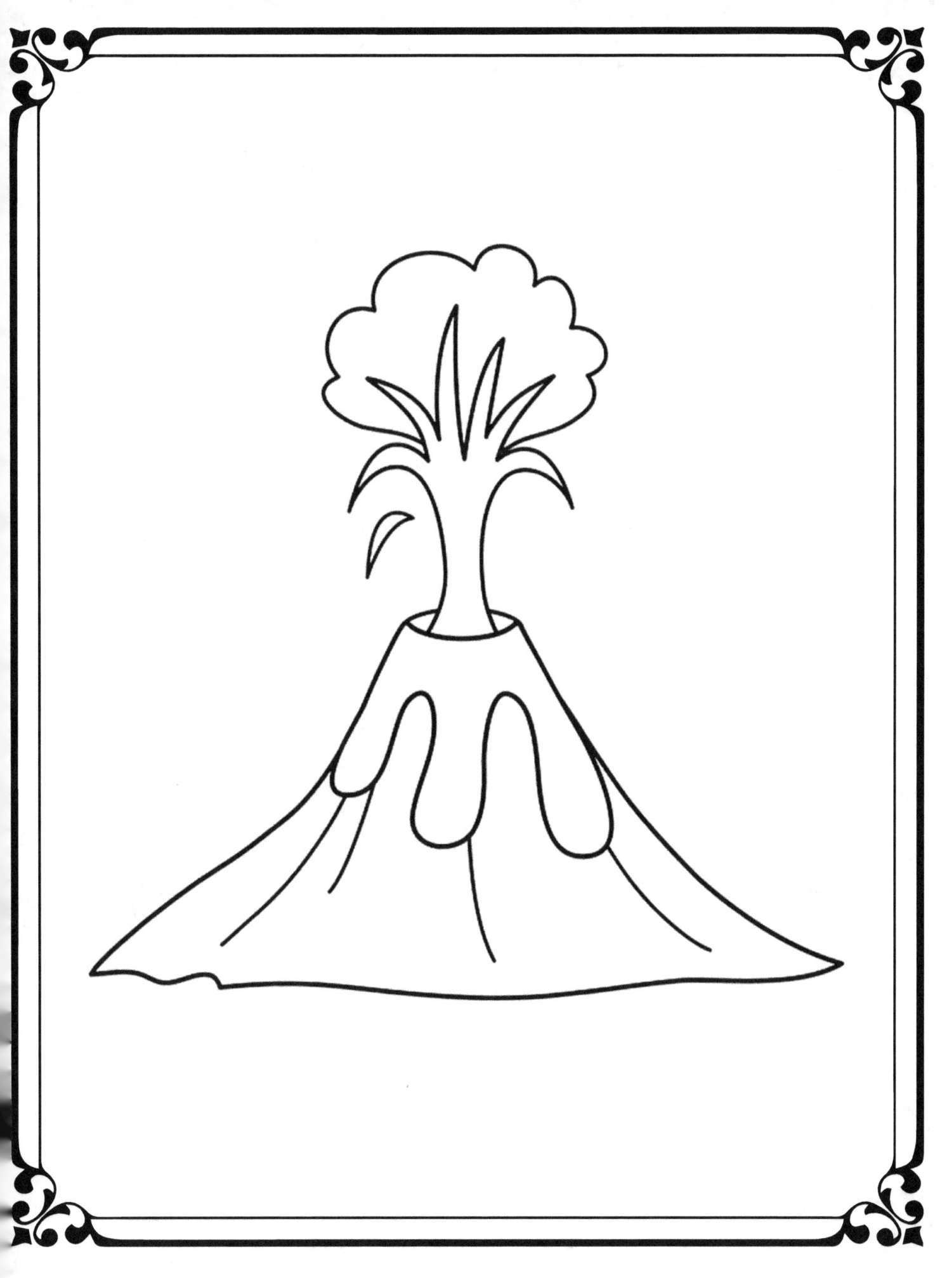

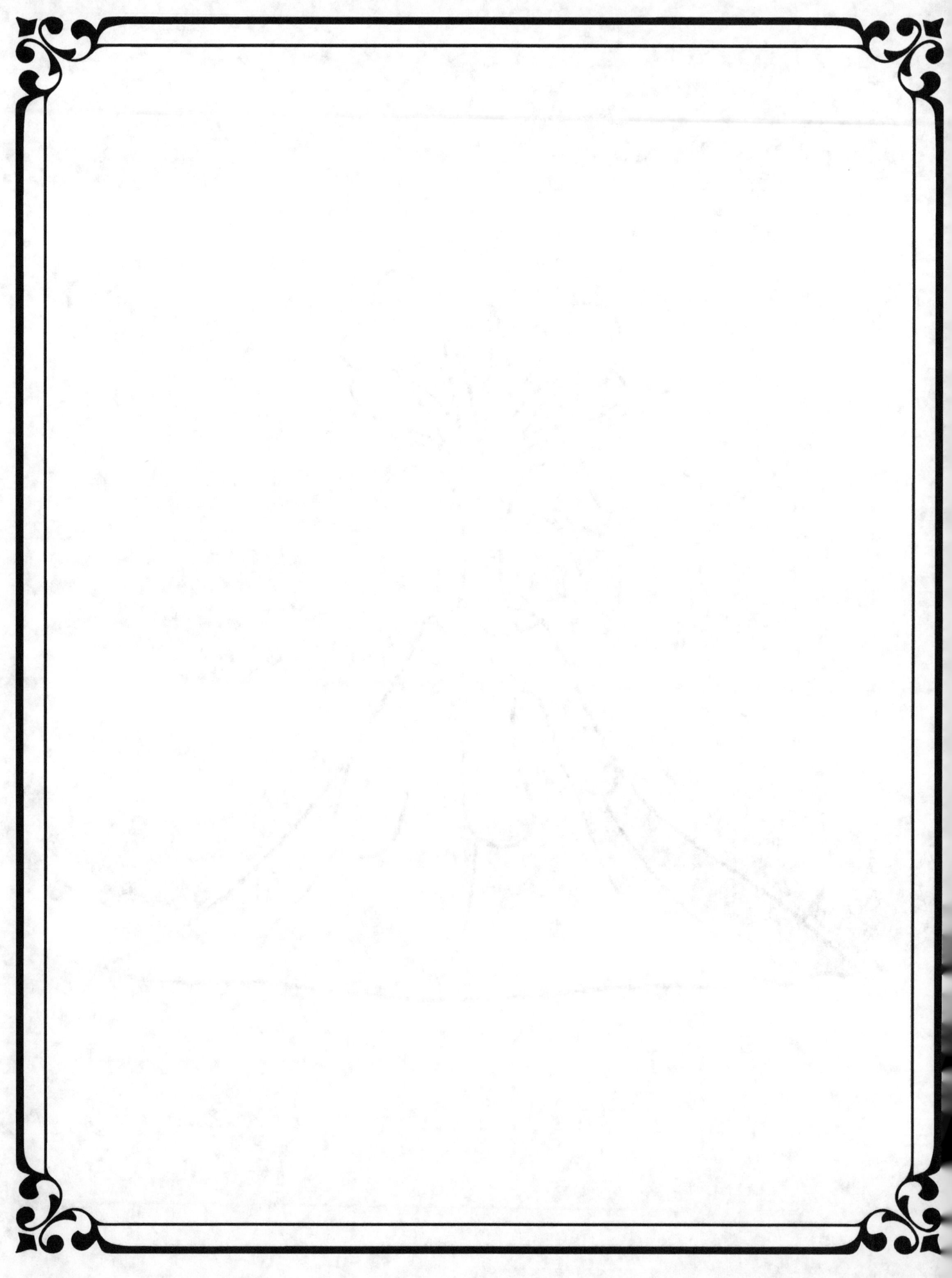

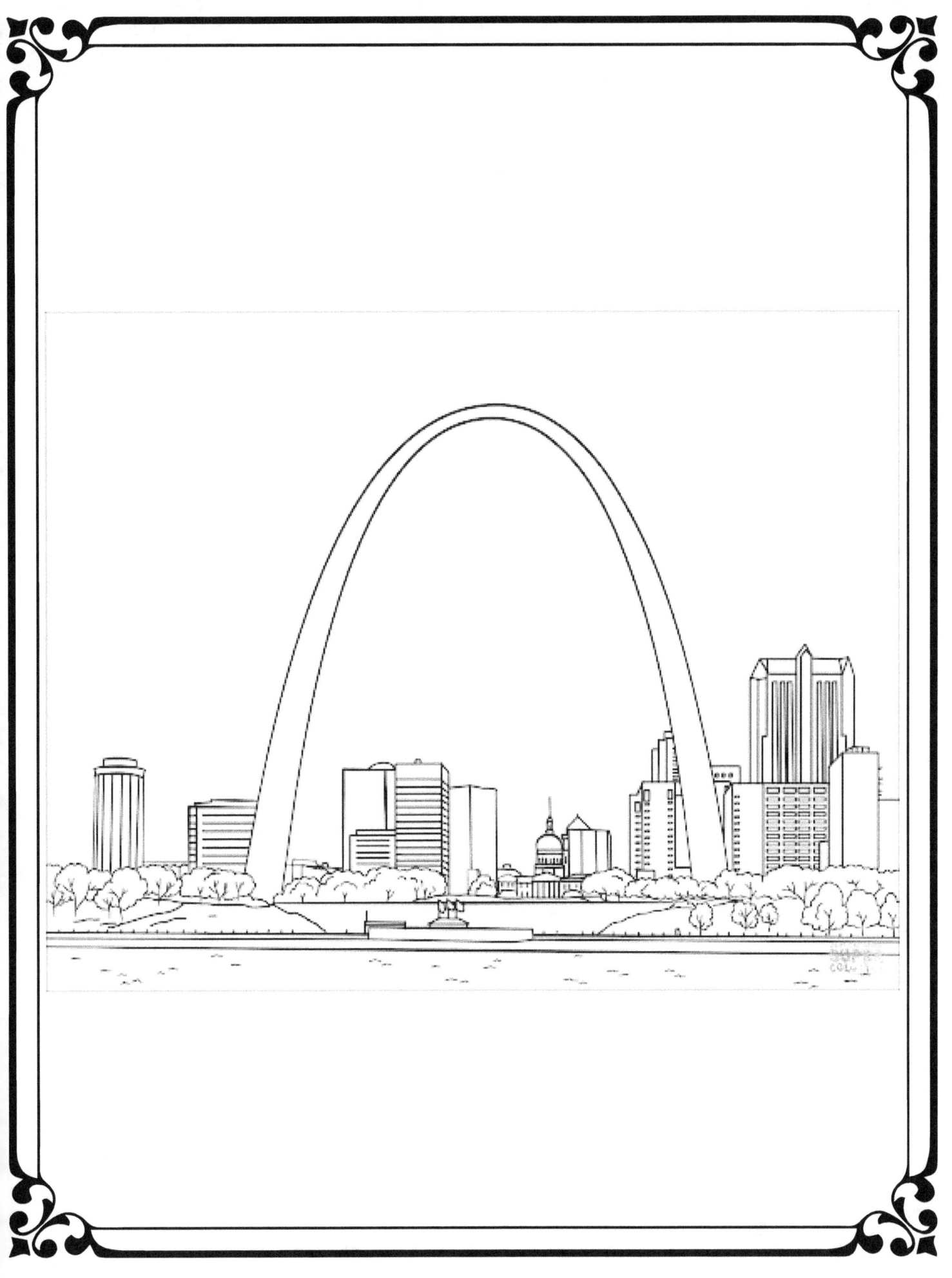

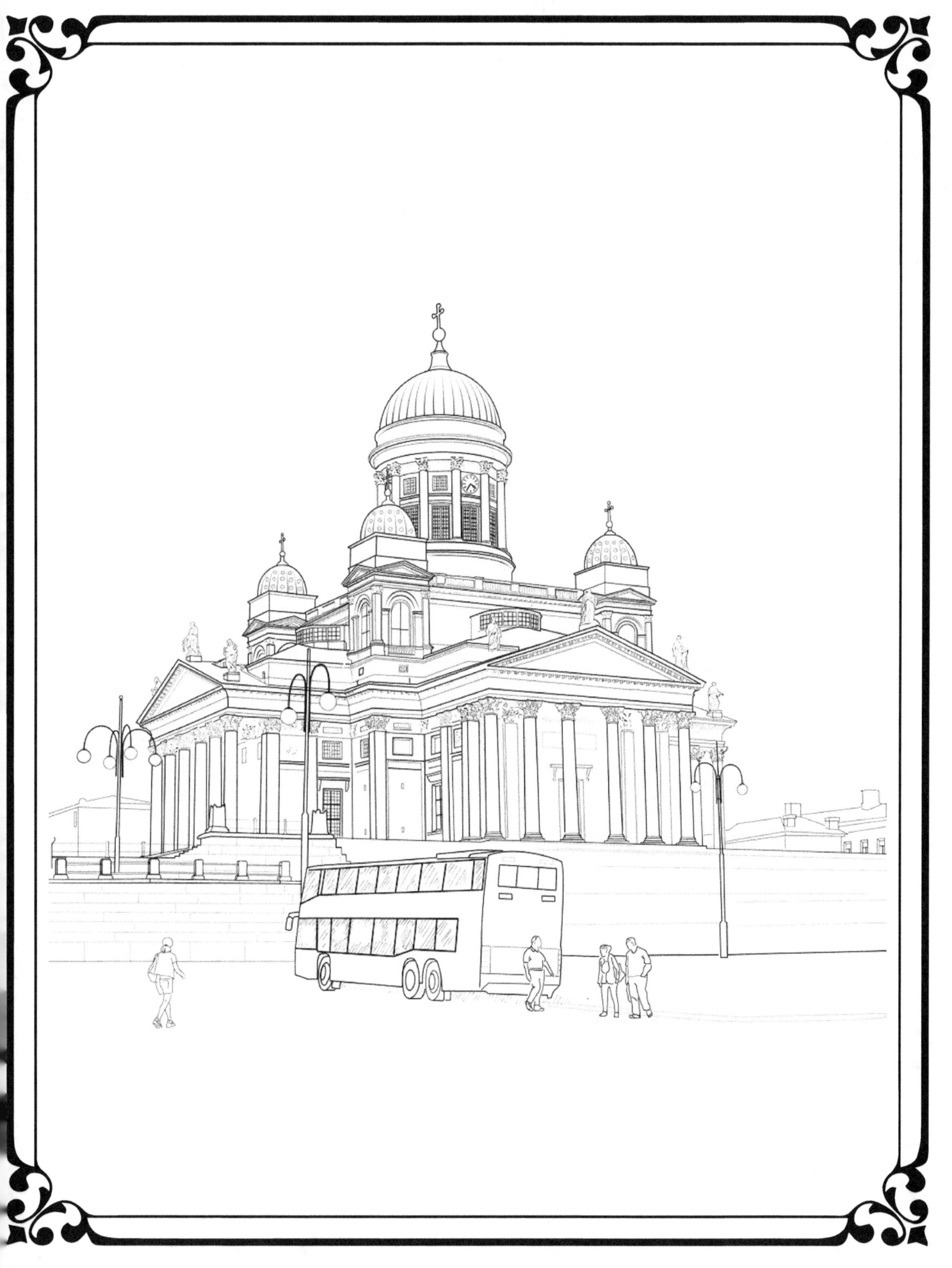

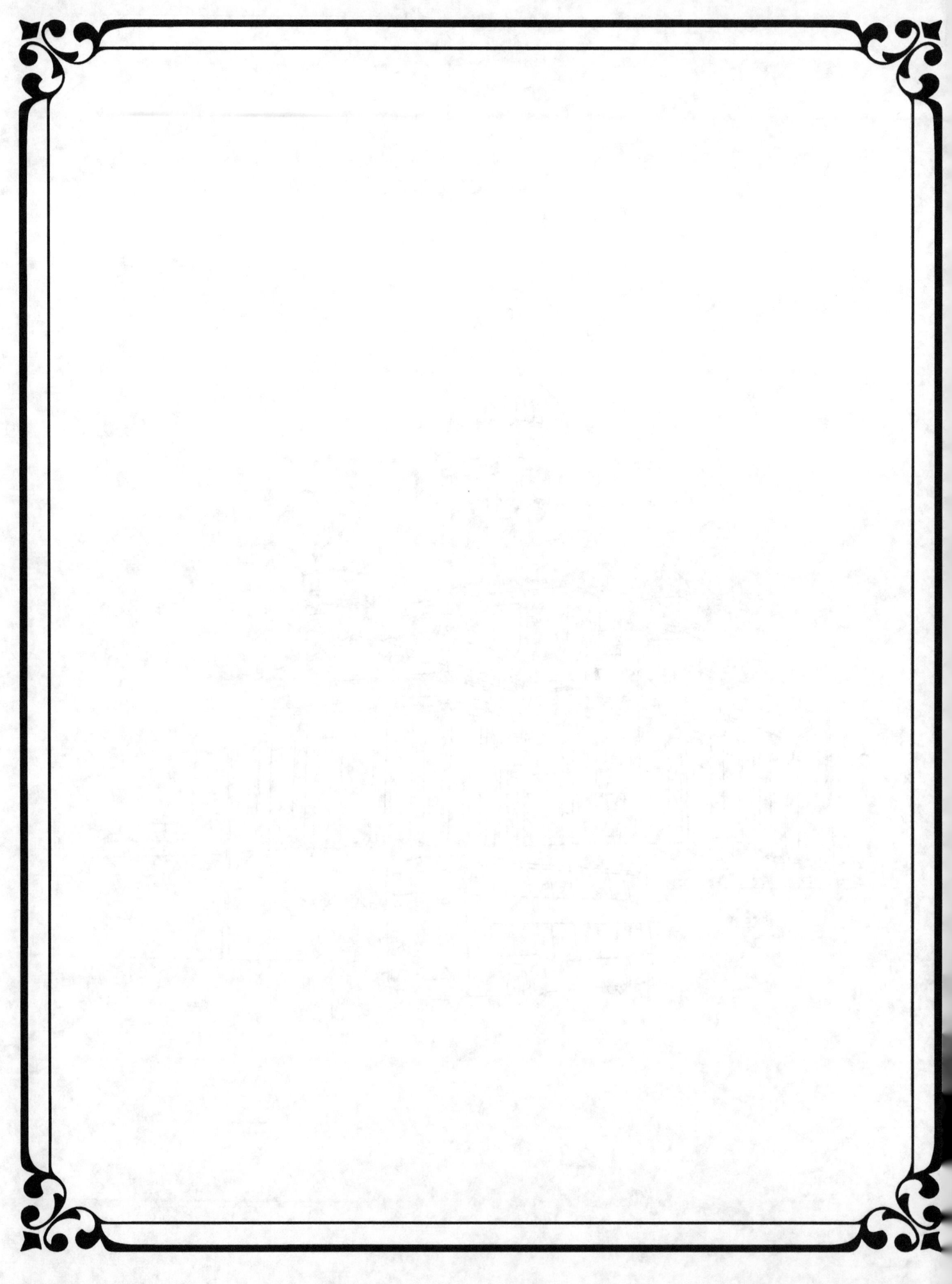

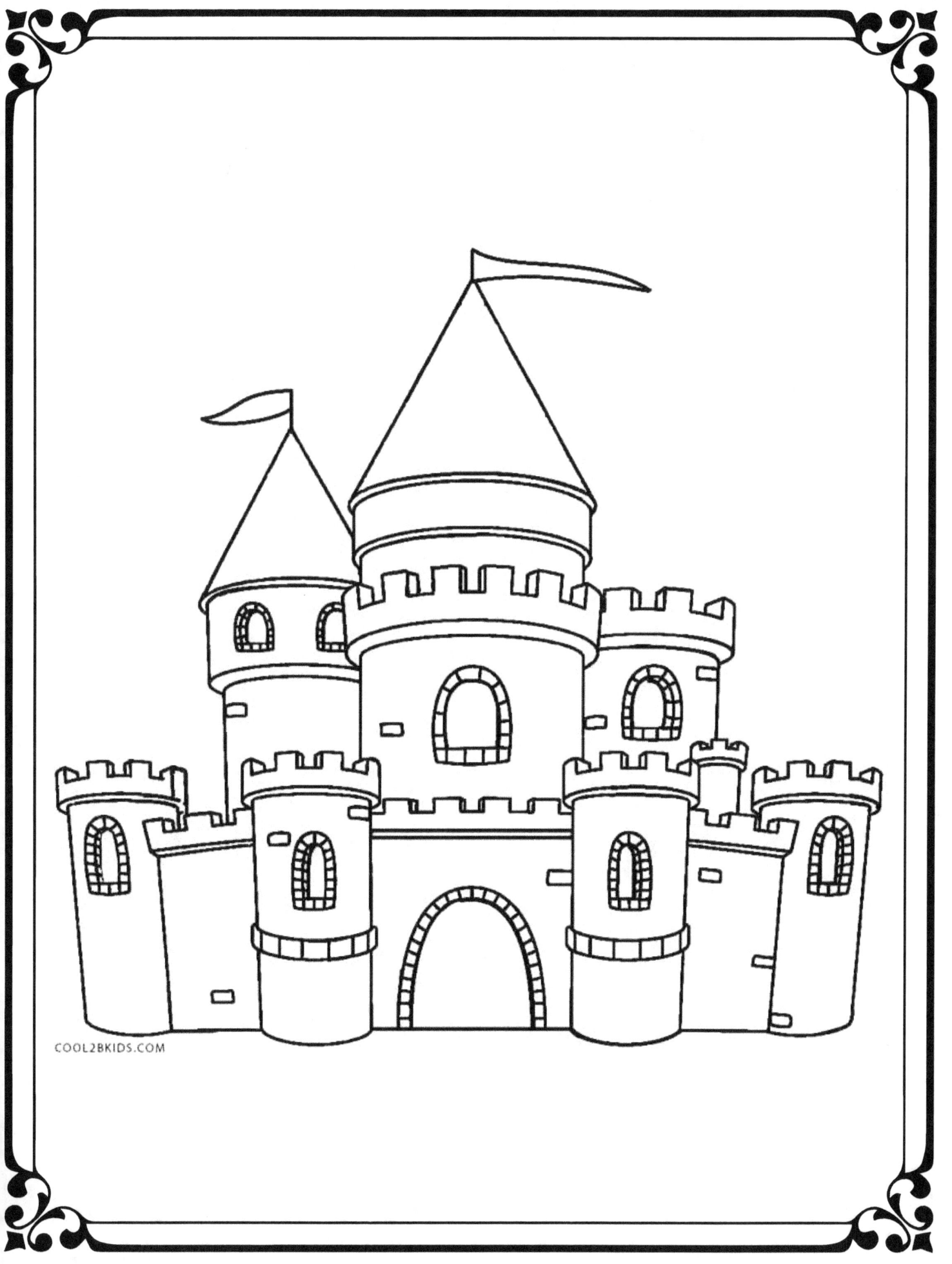

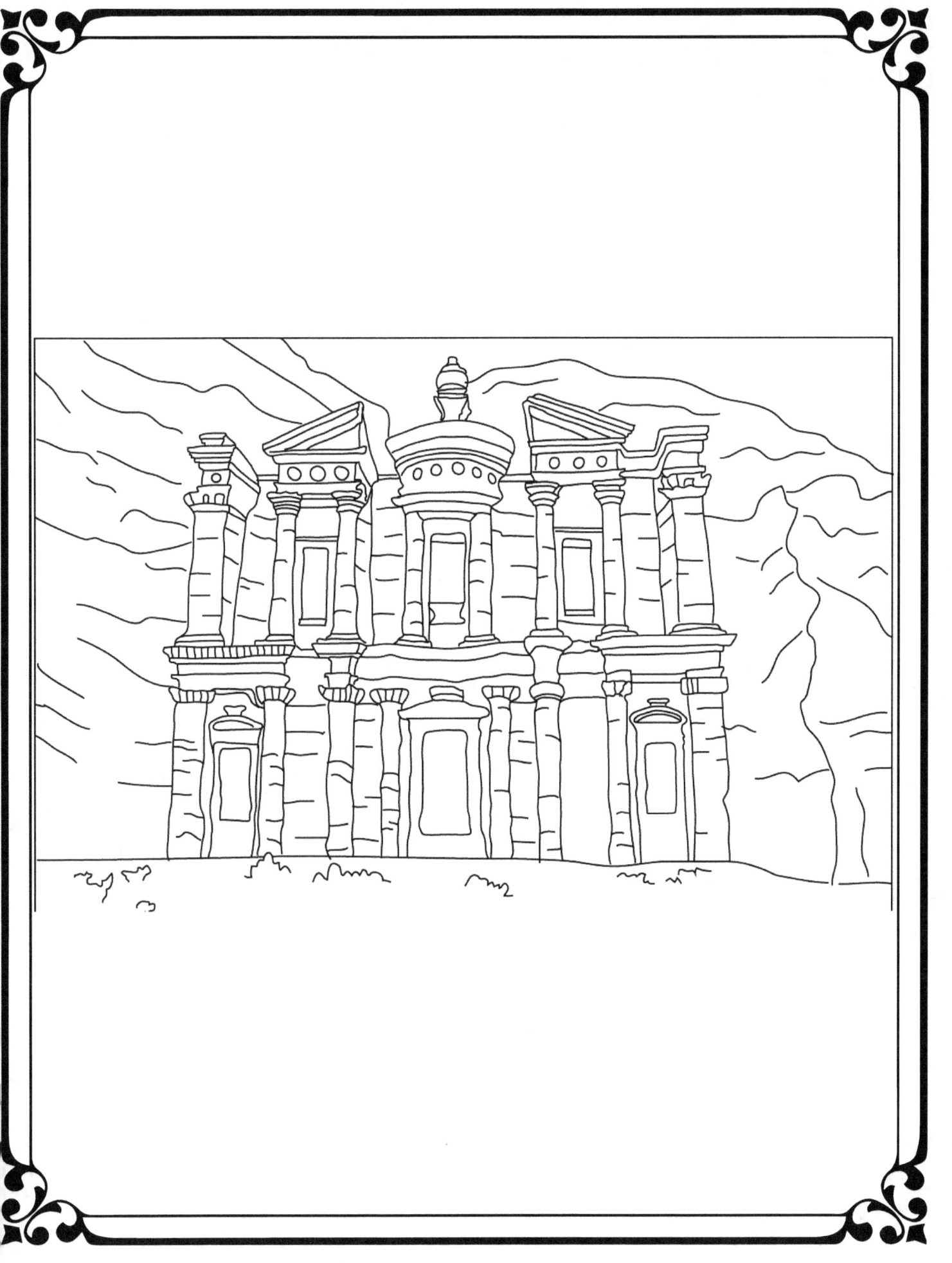

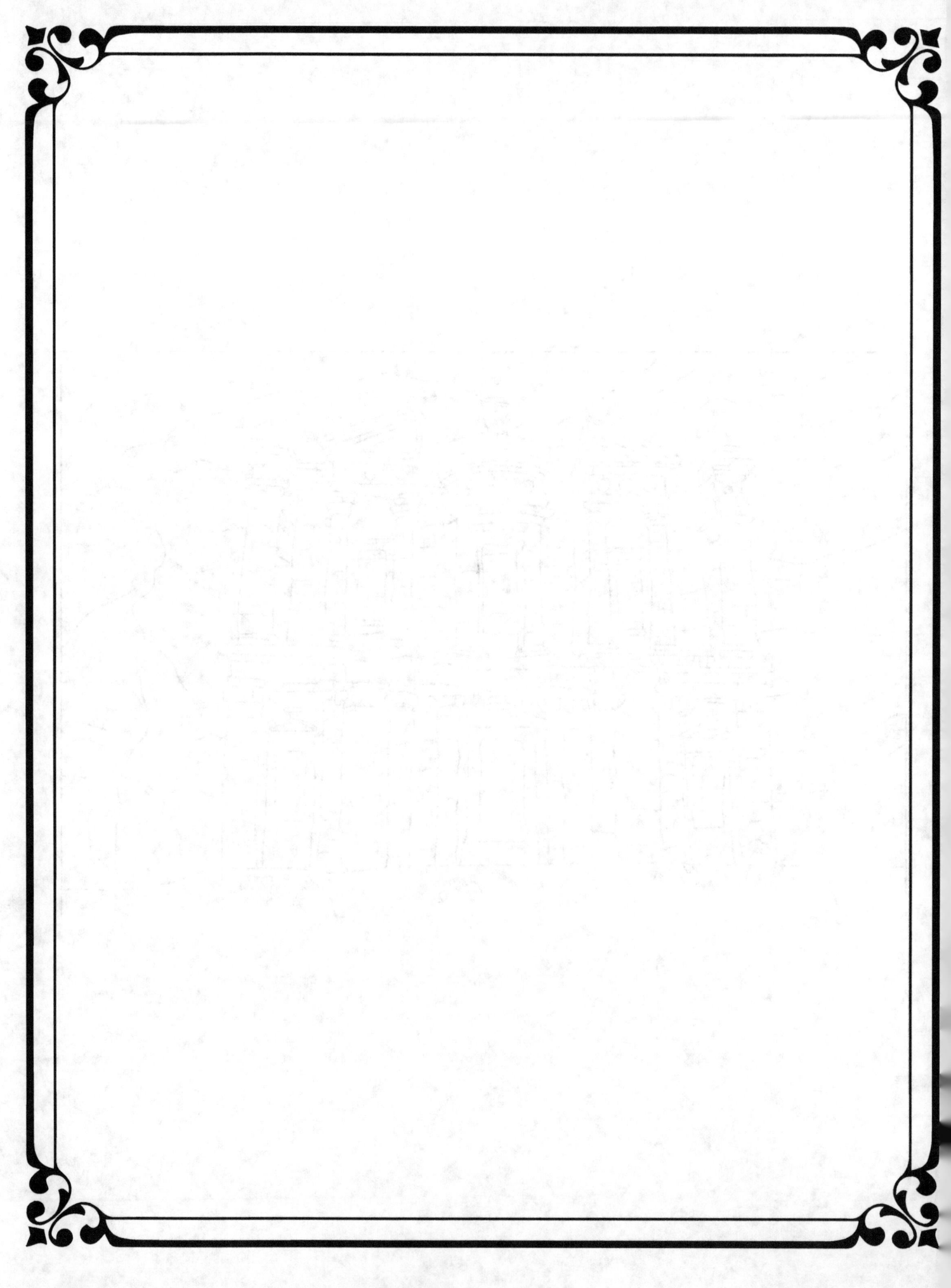

www.ingramcontent.com/pod-product-compliance
Lightning Source LLC
Chambersburg PA
CBHW080508220526
45465CB00006B/2410